고품격 비즈니스 중국어 통역

高 品 位 商 务 汉 语 口 译

고품격 비즈니스 중국어 통역

손지봉 · 안희연 · 김란 지음

이화여자대학교출판부

고품격 비즈니스 중국어 통역

펴낸날 초판 1쇄 2014년 8월 5일
2쇄 2016년 2월 1일
지은이 손지봉 · 안희연 · 김란
펴낸이 김훈순
펴낸곳 이화여자대학교출판부
주소 서울특별시 서대문구 이화여대길 52(우 03760)
등록 1954년 7월 6일 제9-61호
전화 02) 3277-2965(편집), 02) 362-6076(마케팅)
팩스 02) 312-4312
전자우편 press@ewha.ac.kr
홈페이지 www.ewhapress.com
책임편집 정경임
디자인 정혜진
찍은곳 한영문화사

ISBN 979-11-85909-00-4 13720

값 15,000원

* 잘못된 책은 바꾸어 드립니다.

이 도서의 국립중앙도서관 출판예정도서목록(CIP)은 서지정보유통지원시스템 홈페이지(http://seoji.nl.go.kr)와 국가자료공동목록시스템(http://www.nl.go.kr/kolisnet)에서 이용하실 수 있습니다. (CIP제어번호 : CIP2014020881)

머리말

통역 현장에서 일하면서 우리는 그야말로 매순간 글로벌 시대에 살고 있음을 절감하고 있다. 수년간 중국 지사에서 근무하고 귀국한 주재원부터 중국에서 고등교육과정까지 마치고 돌아온 유학파, 그리고 다년간 중국과의 비즈니스를 통해 내공을 쌓은 국내파 중국통까지 정말 다양한 이력의 중국 전문가를 만날 수 있다.

그들은 한결같이 일상적인 중국어 소통에는 별 어려움이 없는데 업무로서 바이어를 수행하거나 중국 회사와 이메일이나 전화로 소통해야 할 때, 품격이 떨어지는 중국어 때문에 고민이라며 고충을 털어놓았다. 그리고 이런 경우에 참고할 만한 교재를 만들어 달라고 채근하기도 하였다. 필자들 역시, 비즈니스 통역 현장에서 CEO 수행 통역을 주업무로 하고 있는 전문 통역사이지만 더 적확하고, 더 세련되고, 보다 프로다운 비즈니스 중국어를 적절히 사용하는 것이 쉬운 일은 아니었다. 그렇지만 전문 통역 교육을 담당하고 있으면서도 이들을 위해 명쾌한 답을 해주지 못하는 것에 대해 항상 안타깝게 생각하고 있었다. 『고품격 비즈니스 중국어 통역』 집필은 바로 이런 안타까움에서 비롯된 것이라고 할 수 있다.

이 책은 필자들의 실제 업무 경험을 바탕으로 생생한 비즈니스 현장을 따라가면서 그때 그때 필요한 적절하고 유용한 표현을 단계별로 정리해 놓은 것이다. 특히, 다음과 같은 사항을 염두에 두고 정리했다.

* 정중하고 적격한 전화와 이메일 표현으로 비즈니스 아마추어에서 벗어나기.
* 공항에서 숙소까지 이동하는 시간을 회사 소개와 서울 소개로 유용하게 활용하기.
* 비즈니스 회의와 협상의 현장에서 고품격 표현으로 돋보이기.
* 만찬과 술자리에서 품위있는 중국어 표현으로 분위기 업그레이드시키기.
* 중국인들이 즐겨 쓰는 성어와 명언을 인용하여 감동 주기.

그리고 지면의 한계로 본문에 담지 못한 내용들은 부록으로 구성하여 독자들에게 조금이라도 더 도움이 되게 하였다.

이 책을 세상에 내놓으려니 독자들의 가려운 곳을 시원하게 긁어 주고 싶은 넘치는 의욕만큼 필자들의 열망을 다 담아내지 못한 아쉬움이 남는다. 독자 여러분의 기탄없는 지적을 부탁드리며, 부족하나마 이 교재가 품위있는 중국어 비즈니스 통역을 꿈꾸는 모든 이들에게 든든한 멘토가 되기를 바란다.

통역 현장에서 일하면서 한 가지 깨닫게 된 진실은 그 어떤 화려한 수식어보다도 진심을 담아 이야기하면 통하게 마련이라는 사실이다. 진정성 어린 내용에 보다 더 정확하고 보다 더 품격 있는 표현으로 상대방을 배려한다면, 소통을 뛰어넘어 상대의 마음도 얻을 수 있을 것이라고 확신한다.

끝으로 『고품격 비즈니스 중국어 통역』의 등장을 가능하게 해주신 이화여자대학교출판부 여러분께 진심으로 감사의 말씀을 전한다. 그리고 한·중프리젠테이션 수업을 열심히 듣고 발표에 최선을 다해 준 이화여대 통역번역대학원 번역학과 학생들에게도 진심으로 감사의 마음을 전한다.

2014년 7월

필자 일동

차례

I

이메일, 전화

이메일과 전화를 이용해 간단명료하게 의사 전달하기

1 이메일

기본 학습

〉〉 잘 지내시죠? 오랜만입니다.
您好吗？好久没联系了。

〉〉 업무가 바빠 부득이하게 연락을 못 드렸습니다. 죄송합니다.
实在是非常抱歉，由于最近忙于工作，没能和您保持联系。

〉〉 로열티 지급 기준에 대해 문의드리고자 메일을 씁니다.
我想咨询一下版权税(专利费)的支付标准。

〉〉 건강하시고 행복하세요!
祝您身体健康，家庭幸福!

〉〉 질문이 있으면 언제라도 제게 연락해 주시기 바랍니다.
若有疑问，请随时与我联系。

응용 학습 1

1. ○○○ 씨께
2. 안녕하십니까? 건강은 어떠신지요?
3. 신속히 회신드리지 못한 점 사과드립니다.
4. ~ 점 양해해 주시기 바랍니다.
5. 최근 일이 바빠서 자주 연락 못해 미안합니다.
6. 또 번거롭게 해드렸네요. 죄송합니다.
7. 추가 정보를 요청하고 싶습니다.
8. 팔로우업해 주세요
9. 첨부 자료 확인 부탁드립니다.
10. 회신은 cc로 모두에게 보내 주세요.

1. 尊敬的○○○先生/小姐
2. 您好! 最近健康状况如何?
3. 未能及时给您回信, 深表歉意。

4. 如有～处，敬请谅解。

5. 不好意思，最近工作比较忙，没时间与您联系。

6. 对不起，又打搅了。

7. 我想拿到更多的信息。

8. 请继续跟进。

9. 附件里是我们的资料，请查收。

10. 请把回信抄送给所有相关人员。

응용 학습 2

1. 숙소 예약 관련해서 도움이 필요하시면 연락주시기 바랍니다.

2. 한 · 중 기업 교류회 만찬에 귀하를 정중히 모시고자 합니다

3. 기꺼이 참석하겠습니다.

4. 3월 26일 오후 2시에 찾아뵈어도 될까요?

5. 내부 사정으로 3월 29일 회의를 취소합니다.

6. 귀하의 문의에 관련된 세부 자료를 첨부합니다.

7. 유감스럽게도, 추가 정보 요청에 대한 회신을 받지 못했습니다.

8. 신속한 답변 감사합니다.

9. 저희 제안을 검토해 주시기 바랍니다

10. 긍정적인 회신 기다리겠습니다.

1. 有关酒店预订, 若需帮忙, 请与我联系。

2. 郑重邀请您出席"中韩企业交流会"晚宴。

3. 非常乐意参加。

4. 我可否在3月26日下午两点去拜访您?

5. 因公司内部情况, 取消原定于3月29日召开的会议。

6. 对于您的提问, 附上相关资料作为答复。

7. 很遗憾, 对于我们另外要求的信息, 还未收到答复邮件。

8. 感谢您的快速答复。

9. 请考虑一下我方提案。

10. 我们期待您的好消息。

응용 학습 3

1. 자료를 내일까지 보내주시면 감사하겠습니다.

2. 이메일 받으시면 제게 알려 주세요.

3. 협조 부탁드립니다.

4. 빠른 회신 부탁드립니다.

5. 저희에게 연락할 일이 있으면 언제든지 이메일 부탁드립니다.

6. 귀하께서 ~을 확인해 주시면 감사하겠습니다.

7. 조만간 만납시다.

8. 귀사의 번창을 기원합니다.

9. 건승을 빕니다.

10. ○○○ 배상

1. 烦请您明天之前把资料传送给我们，多谢您的配合。

2. 收到电子邮件后，请通知我您已收到了。

3. 敬请协助。

4. 请您尽快回信。/盼复。

5. 如有必要，请随时通过电子邮件联系。

6. 请您确认一下～，多谢合作。

7. 希望早日和您相见。

8. 恭祝贵公司事业蒸蒸日上。

9. 顺祝工作顺利，身体安康!

10. ○○○ 敬上

단어 해설

로열티 专利费[zhuānlìfèi]，版权税[bǎnquánshuì]
번거롭게 하다 打搅[dǎjiǎo]
첨부 자료 附件[fùjiàn]
cc 抄送[chāosòng]
내부 사정 内部情况[nèibù qíngkuàng]
답장을 기다리다 盼复[pàn fù]

Tip

경조사 문구

생신을 축하드립니다 福如东海, 寿比南山!

생일 축하합니다 祝您生日快乐!

승진을 축하합니다 恭喜您高升!/恭喜您晋升!

득남(득녀)을 축하합니다

恭喜您喜得贵子!

恭喜您喜得千金!

恭喜! 恭喜! 祝宝宝健康成长, 平安快乐!

결혼을 축하합니다

祝两位永结同心, 百年好合!

新婚愉快, 甜甜蜜蜜!

사업이 날로 번창하시길 바랍니다 恭祝事业蒸蒸日上!

삼가 조의를 표합니다 我表示深深的哀悼!

삼가 고인의 명복을 빕니다 愿逝者安息!

단어 해설

오래오래 사세요 福如东海, 寿比南山[fú rú dōng hǎi, shòu bǐ Nán shān]

승진하다. 진급하다 晋升[jìnshēng]

날로 번창하다. 빠르게 진보하다 蒸蒸日上[zhēng zhēng rì shàng]

애도하다 哀悼[āidào]

고인, 떠난 사람 逝者[shìzhě]

실전 이메일

손교수님, 안녕하십니까? 건강은 어떠하신지요?
업무가 바빠 부득이하게 연락을 못 드렸습니다. 죄송합니다.
학교에서 보내온 졸업생 교육 관련 메일 잘 받았습니다.
학교 측에서 줄곧 저희 졸업생들에 보내주신 관심과 도움에 깊은 감사를 드립니다.
좋은 성과로 여러 교수님들의 기대에 보답하도록 하겠습니다.
제 신청서를 첨부해 드립니다. 확인 부탁드립니다.
건승을 기원합니다.

○○○ 올림

尊敬的孙教授:

您好! 最近您身体好吗?
实在是非常抱歉, 由于最近忙于工作, 没能和您保持联系, 请见谅。
学校发来的有关毕业生培训的电子邮件, 已收悉。
非常感谢学校一直给予我们毕业生的关怀与帮助,
我们会以优秀的成果来报答各位老师的期待!
附上我的报名表, 敬请查收。
衷心祝愿幸福健康!

此致
敬礼

○○○ 敬上

단어 해설

관심갖다 关怀[guānhuái]

좋은 성과로 ○○○의 기대에 보답하다

以优秀的成果来报答○○○的期待!

[Yǐ yōuxìu de chénggǔo lái bàodá ○○○ de qīdài!]

첨부하여 보내다 附上[fùshàng]

(주로 편지에 쓰임) 확인하고 받다 查收[cháshōu]

올림 敬上[jìngshàng]

2 전화

기본 학습

>> (찾는 사람 부재시) ○○○한테서 전화왔었다고 전해 주세요.
(要找的人不在时) 请转告○○○一下，我来过电话了。

>> 메모 부탁드립니다.
请代我转告。

>> 편하실 때 전화 부탁드린다고 전해 주세요.
请转告他，有空时给我打个电话。

>> 그렇게 전하겠습니다.
我会如实转告。

>> 통화하기 좋은 시간을 알려 주세요.
请告诉我您方便通话的时间。

응용 학습 1

1. 여보세요, 저는 ○○○인데요, ~ 담당자 부탁드립니다./바꿔 주세요.
2. ~ 관련해서 여쭙고 싶습니다.
3. 담당 부서 전화번호를 알려 주시겠어요?
4. 김부장님께 안부 전해 주세요.
5. 전화 끊어야겠어요.
6. 좀 더 자세히 말씀해 주시기 바랍니다.
7. 그럼 잠시 후에 다시 걸겠습니다.
8. (전화 끊을 때) 안녕히 계세요.
9. 끊지 말고 기다려 주세요.
10. 연결해 드리겠습니다.

1. 您好，我是○○○，麻烦找一下~负责人。/请他接电话。
2. 我想了解一下有关~。
3. 您能告诉我主管部门的联系电话吗?

4. 请代我问候金先生。

5. 我该挂电话了。

6. 请您再详细说明一下好吗?

7. 那么我稍后再联系。

8. (挂断电话时)再见。

9. 请不要挂断电话, 稍等片刻。

10. 请稍等, 我把电话给您转过去。

응용 학습 2

1. 제가 다시 걸겠습니다.

2. 내선 번호 15번 부탁드립니다.

3. 메시지 남겨도 될까요?

4. 편하실 때 전화 부탁드린다고 전해 주세요.

5. 누구시라고 전해 드릴까요?

6. 성함의 한자가 어떻게 되나요?

7. 배터리가 거의 다 됐습니다.

8. 잘못 거셨어요. 여기 그런 분 안 계십니다.

1. 我稍后会再打来。/我稍候再打过来。

2. 请转15号内线。

3. 可以留言吗?

4. 请转告他, 有空时给我打个电话。

5. 请问, 转告时我该告诉他是谁打来的电话?

6. 请问您的中文名字怎么写?

7. 手机快没电了。

8. 这里没有您要找的人, 您打错电话了。

Tip

설 인사

새해 복 많이 받으세요! 新年快乐!

올 한 해 모든 일이 잘 되시길 빌어요!

祝您在新的一年里万事如意，心想事成。

추석 인사

추석 잘 보내세요! 祝您中秋节快乐!

보름달처럼 행복한 추석 되세요! 祝您中秋佳节快乐，月圆人圆事事圆满!

크리스마스 인사

Merry Christmas! 圣诞快乐!

따뜻하고 즐거운 크리스마스 되세요! 祝您度过温馨浪漫的圣诞节!

단어 해설

말을 전달하다 转告[zhuǎngào]

메모를 남기다 留言[liúyán]

담당 부서 主管部门[zhǔguǎn bùmén]

내선 번호 内线[nèixiàn]

기다려 주세요 请稍等[qǐng shāo děng]，稍等片刻[shāo děng piànkè]

따스하다，아늑하다 温馨[wēnxīn]

낭만적이다，로맨틱하다 浪漫[làngmàn]

실전 전화로 메모 남기기

A: 안녕하세요. SC회사입니다.

B: 안녕하세요. 저는 EG컨설팅의 박매너 이사입니다. 김품격 사장님 계십니까?

A: 안녕하세요. 박매너 이사님, 사장님께서는 지금 회의 중이십니다. 어떤 일로 전화하셨는지요?

B: 김사장님과 약속 시간을 잡아서 금번 프로젝트의 다음 진도에 대해 상의드리려 합니다. 메모 좀 부탁드려도 될까요? 시간 되실 때 전화 주시라고 전해 주세요.

A: 네, 전해 드리겠습니다. 박이사님은 언제 전화 받기 편하신가요?

B: 휴대폰을 항시 휴대하고 있으니 언제든지 연락 가능하다고 전해 주십시오. 빨리 만나 뵈었으면 합니다. 부탁드립니다. 감사합니다.

A: 별 말씀을요. 걱정하지 마십시오. 꼭 전달해 드리도록 하겠습니다.

A: 喂, 您好! SC公司。

B: 喂, 您好! 我是EG咨询公司朴礼貌理事, 请问金品位总经理在吗?

A: 您好, 朴礼貌理事, 金总正在开会, 您找他有什么事吗?

B: 我想跟金总经理约个时间见面, 与他商量我们这次项目的下一步方向。麻烦您代我转告一下, 请他有空时给我打个电话。

A: 好的, 我会转告。那请您告诉我您方便通话的时间。

B: 我会随身携带手机, 请转告他什么时候打来都可以。我这边比较急。麻烦您了。谢谢。

A: 不用谢，请放心。我会如实转告。

단어 해설

어떤 일로 전화하셨는지요?

　您找他有什么事吗?[Nín zhǎo tā yǒu shénmeshì ma?]

시간 되실 때 전화 주시라고 전해 주세요.

　请他有空时给我打个电话.[Qǐng tā yǒukòng shí gěi wǒ dǎ gè diànhuà.]

휴대하다 随身携带[suíshēn xiédài]

사실대로 전하다 如实转告[rúshí zhuǎngào]

II

공항에서 숙소까지

공항에서 건네는 품격 있는 첫 인사말

이동 시간을 이용해 회사 제반 상황 소개 및 일정·숙소 안내

1. 공항에서 바이어 맞이하기
2. 이동 시간 활용(1): 회사 소개
3. 일정 소개 및 숙소 안내

1 공항에서 바이어 맞이하기

기본 학습

〉〉 처음 뵙겠습니다. 잘 부탁드립니다.
初次见面，请多关照。

〉〉 오시는 길에 고생 많으셨습니다.
一路上辛苦了。

〉〉 서울 날씨도 여러분을 환영하는 듯합니다.
首尔的天气也好像在欢迎各位。

〉〉 혹시 도움이 필요하시면 언제든 말씀하세요.
如有需要，请随时告诉我。

〉〉 한국에서 유익한 시간 되시길 바랍니다. 좋은 추억도 많이 남기시구요.
希望您在韩国过得愉快，此行能给您留下美好的回忆。

응용 학습 1

1. 저희는 3번 게이트 앞에서 피켓을 들고 기다리겠습니다.

2. 먼 길 오시는 데 불편한 점은 없으셨어요?

3. 말씀 많이 들었습니다. 뵙게 되어 영광입니다.

4. 만나 뵙게 되어 영광입니다.

5. 다시 뵙게 되어 반갑습니다.

6. 한국 방문은 처음이신가요?

7. 세관 수속도 별 문제 없으셨죠!

8. 짐은 다 잘 도착했나요?

1. 我们会在3号出口举牌等大家。

2. 您远道而来, 一路上有没有感到不舒服的地方?

3. 久闻大名, 今日相见感到无比荣幸。

4. 见到您很荣幸。/幸会! 幸会!

5. 很高兴再次见到您。

6. 您是初次访问韩国吧？

7. 海关手续应该没什么问题吧！

8. 行李都齐了吗？

응용 학습 2

1. 제 명함입니다. 잘 부탁드립니다.

2. 한국은 중국보다 한 시간이 빠르니까 시계를 맞춰 주시기 바랍니다.

3. 짐은 제가 들어드려도 될까요?

4. 주차장에 차를 대기시켜 두었습니다.

5. 왼편에 화장실이 있습니다. 20분 뒤에 출발하겠습니다.

6. 한화가 필요하시면 이리로 따라오세요, 공항 은행에서도 환전할 수 있습니다.

7. Wi-Fi 서비스가 필요하시면 제가 도와드리겠습니다. 앞쪽 통신사 데스크에서 할 수 있습니다.

8. 바깥 기온은 영하 2도입니다. 실내외 온도 차가 많이 나니 겉옷을 하나 더 입으시는 게 좋겠습니다.

9. 타시죠, 출발하겠습니다. 차로 한 시간 정도 걸립니다.

10. 차가 막히는 시간이라 넉넉잡고 한 시간 반 정도 걸릴 예정입니다.

1. 这是我的名片, 请多关照。

2. 韩国时间比中国快一个小时, 请各位把时间调好。

3. 我替您拿行李好吗?/我能为您效劳吗?

4. 来接我们的车在停车场。

5. 洗手间在左手边, 我们20分钟以后出发。

6. 如需韩币的话, 请跟我来, 机场银行可以换。

7. 如需办理移动随身 Wi-Fi, 我在前面通讯公司柜台就可以帮您办。

8. 现在室外温度为零下2度, 室内外温差比较大, 您最好多加一件外套。

9. 请您上车, 我们出发吧。车程大概为一个小时左右。

10. 现在是交通高峰时间, 我们到酒店大概需要一个半小时。

Tip

처음 만난 사람과 인사를 나눌 때

우리 인사 나눕시다. 让我们认识一下。

처음 만난 사람을 서로 소개시킬 때

인사 나누세요, 이 분은 미스 안입니다. 你们认识一下，这位是安小姐。

명함이 없으면

죄송합니다. 마침 명함이 없는데 제 이름과 연락처를 적어드려도 되겠습니까?
不好意思，我现在没有带名片，要不我先给您写上我的名字和联系电话好吗?

단어 해설

좋은 기억 남기다 留下美好的回忆[líuxià měihǎo de húiyì]
영광스럽다 荣幸[róngxìng]
세관 수속 海关手续[hǎiguān shǒuxù]
짐, 수화물 行李[xíngli]
도와드리다 效劳[xiàoláo]

실전 공항에서 바이어 맞이하기

韓: 상해에서 오신 왕처장님이시죠?

中: 맞습니다. 미스 안이시죠? 처음 뵙습니다.

韓: 뵙게 되어 영광입니다.

中: 이렇게 마중나와 주셔서 정말 고맙습니다.

韓: 별말씀을 다하십니다. 먼 길 오시느라 고생 많으셨지요?

中: 아뇨, 상해에서 서울까지 두 시간도 안 걸리니 가까운 거죠. 괜찮습니다.

韓: 세관 수속도 별 문제 없으셨죠! 짐은 모두 잘 도착했나요?

中: 네, 모두 다 순조로웠어요.

韓: 한국 방문은 처음이신가요?

中: 작년에 출장 온 적이 있긴 하지만 일정이 너무 촉박해서 관광은 하지 못하고 서울 사무실에서만 며칠 있다가 귀국했어요.

韓: 아, 그러셨어요? 정말 아쉬웠겠네요. 이번 한국 방문엔 유익한 시간 보내시길 바랍니다. 좋은 추억도 많이 남기시구요.

中: 고맙습니다. 그럴 거라 기대합니다. 이렇게 공항까지 마중나와 주시니 감사합니다.

韓: 좋아서 하는 일인걸요. 짐이 많으시네요. 이 짐은 제가 들어드려도 될까요?

中: 고맙습니다. 그럼 부탁드립니다.

韓: 밖에 기사가 기다리고 있습니다. 같이 가시지요. 차로 한 시간 정도 걸립니다.

韓: 请问, 您是上海来的王处长吧?

中: 是的, 您是安小姐吧? 幸会! 幸会!

韓: 见到您很荣幸。

中: 谢谢您专程前来迎接。

韓: 不用谢, 欢迎远道而来, 一路上很辛苦吧?

中: 不, 从上海到首尔应该算是很近, 不到两个小时就到了, 不累。

韓: 海关手续应该没什么问题吧! 行李都齐了吗?

中: 都齐了, 一切都很顺利。

韓: 您是初次访问韩国吧?

中: 去年出差来过, 可当时时间太紧, 未能观光, 只在首尔办公室呆了几天就回国了。

韓: 啊, 是吗? 那太遗憾了! 希望这次您在韩国过得愉快, 此行能给您留下美好的回忆。

中: 谢谢, 我相信会的。谢谢您到机场来接我, 实在是太客气了。

韓: 乐意为您效劳, 您行李很多啊, 我来帮您拿一个吧。/我替您拿这个行李好吗?/ 我能为您效劳吗?

中: 谢谢, 那就有劳您了/那就拜托您了。

韓: 外边有我们的司机先生正在等候, 我们过去吧。车程大概为一个小时左右。

단어 해설

마중나오다 迎接[yíngjiē]

출장 出差[chūchāi]

일정이 촉박하다 时间太紧[shíjiān tài jǐn]

머무르다 呆[dāi]

기꺼이 도와주다 乐意效劳[lèyì xiàoláo]

수고를 끼치다 有劳[yǒuláo]

2 이동 시간 활용(1): 회사 소개

기본 학습

〉〉 이 시간을 이용해서 회사 소개를 해드리겠습니다.
利用这个时间我要给您介绍一下公司的情况。

〉〉 윈윈을 실현하기 위해 힘쓰고 있습니다.
我们力求实现双赢。

〉〉 삼사분기 매출이 급상승했습니다.
第三季度销售额出现强劲增长。

〉〉 차별화를 통한 경쟁력 확보가 최선입니다.
最佳选择是以独树一帜的特色来提高竞争力。

〉〉 고객 제일, 품질 제일을 고수하고 있습니다.
我们仍坚持用户至上、产品质量至上。

응용 학습 1

1. ○○회사는 2010년 설립됐습니다.

2. 본사는 원자재 구매, 공정 디자인, 영업 부서로 구성되어 있습니다.

3. 상생을 추구합니다.

4. 시너지 창출을 위해 최선을 다하고 있습니다.

5. 맞춤형 제품을 생산합니다.

6. 원가 절감을 위해 노력하고 있습니다.

7. 파트너십을 구축했습니다

8. 에너지 분야에서 절대 우위를 점하고 있습니다.

1. ○○公司成立于2010年。

2. 公司总部设有原材料采购、工程设计及营销部等部门。

3. 追求共赢。/力求双赢。

4. 我们正在全力以赴创造协同效应。

5. 生产针对性/量身定做型产品。

6. 致力于节约成本。

7. 建立紧密合作体系。

8. 在能源领域占据着无可比拟的优势。

응용 학습 2

1. 500대 기업에 듭니다.

2. 아웃소싱을 최대한 활용하고 있습니다.

3. 2012년 한 해 매출 세계 5위를 달성했습니다.

4. 시대 흐름에 부응해야 합니다.

5. 시장 동향 파악이 중요합니다.

6. 전후방 산업에 대한 파급 효과가 큽니다.

7. 타당성 연구를 진행 중입니다.

1. 为世界500强企业之一。

2. 最大限度地实现外包。

3. 2012全年销售额排名全世界第五位。

4. 让我们与时俱进。

5. 了解市场走势非常重要。

6. 对上、下游的波及效应很大。

7. 我们在研究其可行性。

단어 해설

상생 共赢[gòngyíng]
시너지 协同效应[xiétóng xiàoyìng]
맞춤형 针对性[zhēnduìxìng]/量身定做型[liáng shēn dìngzuòxíng]
파트너십 紧密合作[jǐnmì hézuò]
아웃소싱 外包[wàibāo]

실전 회사 제반 상황 소개

고품격바이오에너지㈜

2007년에 설립된 고품격바이오에너지㈜는 현재 해외 지사 포함 세계 사업장에 총 1,523명의 임직원이 근무하고 있으며 2013년 매출 130억 원을 기록했습니다. 경영 지원, 영업 지원, 투자 유치, 제품 생산, R&D 부문으로 구성되어 있으며, 친환경 대체 에너지 시장을 선도해 가고 있습니다. 더 나은 세상을 만들자는 원대한 비전 아래 끊임없는 기술 혁신으로 우리만의 차별화 전략을 통해 생산성 향상을 추구하며, 저탄소 녹색 성장에 기여하고자 노력하고 있습니다. 또한 구매, 생산, 판매 프로세스의 혁신으로 효율적인 시스템을 확보하여 모든 사업을 철저히 관리하고 있으며, 해외 진출 사업에 있어서도 현지화 정책을 통해 현지 근로자와 현지 지역 경제 발전에 기여함으로써 윈윈을 실현하기 위해 힘쓰고 있습니다.

최근 경기 부진으로 매출이 12% 감소하긴 했으나 얼마 전 중국 정부가 환경 규제 강화 정책을 발표하면서 바이오 에너지 시장에 호재로 작용할 것으로 보입니다. 이에 중국 공장 증축을 통해 생산 규모를 늘릴 계획이며 현지 아웃소싱을 최대한 활용할 방침입니다. 귀사와의 윈윈이 그 어느 때보다 중요한 시기입니다.

高品位生物能源

高品位生物能源成立于2007年，分公司分布世界各地，员工数已达到1523名，销售额于2013年达到130亿韩元。公司设有经营支援、营销支援、招商引资、产品生产、研究开发等部门，主导着韩国环境友好型替代能源市场。我公司为创造更美好未来，将不断开展技术革新，以独具匠心的战略，提高生产能力，进而努力为低碳绿色增长做出贡献。并通过革新采购、生产、销售流程，建立了有效机制，全方位管理公司所有业务。更以本土化战略开拓了海外市场，为当地员工与地区经济做出了贡献，勇争双赢。

目前因受经济下滑影响，销售额下降了12%。但我们认为前不久中国政府有关加强环境管制政策的发表，将成为生物能源市场的利好因素。故我公司计划扩建中国工厂，来扩大生产规模，同时将最大限度地与中国当地外包商合作。目前正是我公司与贵公司实现同步发展的重要时刻。

단어 해설

바이오 에너지 生物能源[shēngwù néngyuán]

저탄소 녹색 성장 低碳绿色增长[dītàn lǜsè zēngzhǎng]

현지화 전략 本土化战略[běntǔhuà zhànlüè]

윈윈 双赢[shuāngyíng]

호재 利好[lìhǎo]

3 일정 소개 및 숙소 안내

기본 학습

〉〉 저희 일정에 혹시 불편한 점은 없으십니까?
对我们的安排，您有什么不同意见吗？

〉〉 방문 일정이 길지 않다 보니 일정이 다소 빡빡하게 짜여진 점 양해해 주시기 바랍니다.
因访问时间较短，我们的日程安排的比较紧，敬请您谅解。

〉〉 최선을 다해 모시겠습니다. 불편한 점 있으시면 언제든 말씀해 주세요.
我们将竭诚为您服务，如有不便之处，敬请随时告诉我们。

〉〉 인폼으로 가서 체크인 수속을 할까요?
我们到前台办理入住手续好吗？

〉〉 비행기 타고 오시느라 힘드실 텐데 푹 쉬세요. 저는 이만 돌아가 보겠습니다.
您在飞机上应该很累了，好好休息一下。我先告辞了。

응용 학습 1

1. 잠시 후면 투숙하실 호텔에 도착하겠습니다.

2. 차에서 내리실 때는 소지품을 확인하시기 바랍니다.

3. 선생님 성함으로 룸을 하나 예약해 두었습니다.

4. 프론트 데스크로 와 주십시오.

5. 여권을 이 직원에게 드리면 됩니다.

6. 여기에 서명 부탁드립니다.

7. 선생님 룸 키와 조찬 식권 4장입니다. 오전 7시부터 1층 로비에서 아침 식사를 하실 수 있습니다.

8. 우선 방으로 가서 여장을 푸십시오.

9. 벨 맨이 방까지 짐을 들어드릴 터이니 잠시 기다려 주십시오.

10. 편안한 밤 되시기 바랍니다.

11. 밤에 혹시 긴급 상황이 발생하면 제게 연락 주시기 바랍니다. 제 휴대폰 번호를 알려 드리겠습니다.

1. 马上就到您将要下榻的酒店了。

2. 下车的时候，别忘了携带您的随身物品。

3. 我们以您的名义预定了一个标准间。

4. 请您到前台来。

5. 请您把您的护照给这位服务员看一下。

6. 请您在这里签个名。

7. 这是您的房卡，还有4张早餐券，每天早上7点开始就可以在一楼大厅用早餐。

8. 您可以先去房间把行李放好。

9. 行李员会把行李送到各位的房间，请稍等。

10. 祝您晚安。/祝您有个愉快的夜晚。

11. 晚上若发生紧急状况，请给我打电话，这是我的手机号码。

응용 학습 2

1. 저희가 잠정적으로 짜 본 일정을 말씀드릴게요. 혹시 부적절한 부분이 있으면 말씀해 주시기 바랍니다.

2. 저희 일정이 마음에 드십니까?

3. 일정에 변동 사항이 생겼습니다.

4. 일정의 순서가 바뀌었습니다.

5. 변동 사항이 생기면 언제든지 연락해 주십시오.

6. 스케줄을 확인해 드리겠습니다.

7. 머무시는 동안 불편한 점이 있으면 언제든 말씀해 주세요. 곧 시정하도록 하겠습니다.

1. 我将向您介绍一下我们初步拟定的活动日程。您如果觉得有何不妥之处，敬请提出您的意见。

2. 您对我们的日程安排还满意吗？

3. 日程有所变动。

4. 日程顺序有些变动。

5. 若有什么变动事项，请随时联系我。

6. 我来确认一下日程。

7. 您在访问期间若有不便之处，请立即告知我们，我们将竭尽全力为您解决问题。

Tip

새로운 일정을 시작하며 건네는 안부 인사

안녕하세요, 푹 쉬셨어요? 早上好，昨晚休息得好吗?

안녕히 주무셨습니까? 您昨晚睡好了吗?

요청한 자료를 건네면서

어제 말씀하신 자료입니다. 살펴보시죠.

这是您昨天所说的数据资料，请您过目。

안내가 필요할 때

저를 따라오십시오. 请跟我来。

약속 시간에 늦은 경우 간곡하게 사과하기

늦어서 죄송합니다. 请原谅，我来迟了。

단어 해설

프론트 데스크 前台[qián tái]

벨 맨 行李员[xíng lǐ yuán]

조찬 식권 早餐券[zǎo cān quàn]

긴급 상황 紧急状况[jǐn jí zhuàng kuàng]

잠정적 初步拟定[chū bù nǐ dìng]

양해하다/용서하다 原谅[yuánliàng]

실전 일정 소개

2박 3일 본사 방문 일정에 관해 잠시 설명드리겠습니다. 미리 드린 일정표를 참고해 주시기 바랍니다.

오랜 여정으로 고단하실 테니 숙소에 도착하신 후에는 편히 쉬시기 바랍니다. 내일 오전 9시 30분에 본사를 방문하여 상무님과 면담을 하신 후 오찬을 한 뒤 김포공항으로 이동, 포항에 도착한 후 오후 3시 30분부터 생산 시설 시찰이 있겠습니다. 시찰 뒤엔 실무부서 엔지니어와 기술 교류회가 예정되었으며, 저녁 만찬에 참석한 뒤 모레 인천 공항으로 이동 후 귀국하시는 것으로 하겠습니다.

방문 일정이 길지 않다 보니 일정이 다소 빡빡하게 짜여진 점 양해해 주시기 바랍니다. 일정에 혹시 불편한 점은 없으신지요? 불편한 점 있으시면 언제든 말씀해 주십시오. 최대한 반영하겠습니다. 한국에 머무시는 동안 소기의 목적을 달성하실 수 있도록 최선을 다하겠습니다.

이제 잠시 후면 투숙하실 호텔에 도착합니다. 퇴근길 러시아워여서 약 30분 늦게 호텔에 도착했습니다. 대단히 죄송하게 생각합니다. 저는 내일 오전 9시에 로비로 찾아뵙겠습니다. 요청하신 공장 설비 관련 자료는 담당 부서에 부탁하여 내일 오전에 전해 드리도록 하겠습니다. 체크인 수속이 마무리되는 대로 객실에 돌아가셔서 여장을 풀고 푹 쉬시기 바랍니다.

그럼 저는 내일 아침에 뵙겠습니다. 편안한 밤 되십시오.

让我简单介绍一下我们三天两夜的活动日程。日程表已经发给大家了, 请参考一下。

各位一路辛苦, 一会儿到酒店以后, 我们就安排各位回房间好好休息。明天的行程是这样安排的: 上午九点半我们先前往本部访问常务, 然后参加午宴; 下午经金浦机场前往浦项市, 三点半开始参观生产设施, 参观结束以后, 安排了与部门工程师的技术交流会; 晚上参加晚宴以后, 后天将经仁川机场回国。

因访问时间短暂, 日程安排得比较紧一些, 希望您谅解。对我们的安排, 您有什么意见吗? 如您有什么不便之处, 敬请提出。我们将努力为您解决问题。我们将全力以赴帮助您此次韩国之行达成所愿。

马上就要抵达各位下榻的酒店了, 现在正赶上下班高峰时间, 大概要晚到30分左右, 实在很抱歉。明天上午九点我将在酒店大厅等候大家, 各位要求的有关工厂设施的资料, 我会联系主管部门, 明天上午发给大家。办完入住手续以后, 请各位回房间好好休息。

那么, 我们明天早上见! 祝大家度过美好的夜晚。

단어 해설

면담 访问/会见[fǎngwèn/huìjiàn]

시찰 参观[cānguān]

기술 교류회 技术交流会[jìshù jiāoliúhuì]

목적을 달성하다 达成所愿[dáchéng suǒyuàn]

퇴근길 러시아워 下班高峰时间[xiàbān gāofēng shíjiān]

III

비즈니스 회의 및 협상

현장감 넘치는 고품격 비즈니스 회의·협상 멘트

1 시작하는 말

기본 학습

》지금부터 회의를 시작하겠습니다.
现在会议正式开始。

》바쁜 일정에도 불구하고 귀한 시간을 내어 회의에 참석해 주신 ○○○께 감사드립니다.
衷心感谢○○○在百忙之中抽出宝贵时间出席本次会议。

》인센티브 기준 결정에 대해 개괄적으로 말씀드리겠습니다.
大致介绍一下奖励津贴标准。

》지금까지 합의한 내용을 개괄하는 것으로 시작하고자 합니다.
先总结一下我们目前已达成共识的内容。

》회의 목적에 모두 동의하신 것 같으니 바로 본론으로 들어갑시다.
既然诸位对本次会议的宗旨已达成共识，我们就直接进入主题吧。/就让我们直入主题。

응용 학습 1

1. 프로젝트 진행 상황을 말씀드리겠습니다.
2. 전월 매출 실적 하락에 관해 몇 가지 말씀드릴 게 있습니다.
3. 지난 회의에서 드러난 견해 차를 좁히고자 여기에 모였습니다.
4. 거래처 선정에 합의를 보았으면 합니다.
5. 이번 회의에서는 정부 허가 관련 사항은 다루지 않겠습니다.
6. 협상 과정이 다소 어려울 것으로 예상되지만, 양측 모두에게 윈윈이 되는 방식을 찾을 수 있으리라 믿습니다.
7. 물류 담당자에게 철도 노조 파업으로 예상되는 영향에 대해 들어보도록 하겠습니다.

1. 介绍一下项目进展情况。
2. 对于上个月销售业绩下降, 有几点情况想要说明。
3. 今天再次开会讨论, 是为了消除上次会议中的意见分歧。
4. 希望在选定合作伙伴问题上能达成一致。
5. 此次会议不谈及政府许可相关事宜。

6. 虽在磋商过程中有可能面临一些困难，但我们深信会找出双赢的模式。

7. 请物流负责人说明一下铁路工会罢工产生的预期影响。

응용 학습 2

1. 오늘 안건은 신제품 영업 전략입니다.

2. 저희 회사는 중국 현지화에 관심이 많습니다.

3. 3개월 이내에 유가가 바닥을 칠 것으로 전망됩니다.

4. 요청하신 세부 자료를 다음과 같이 확인해 드리는 바입니다.

5. 차질없이 진행되고 있습니다.

6. 귀사가 제기한 클레임은 조속히 해결하도록 하겠습니다.

7. 불편을 끼쳐 드려 죄송합니다.

1. 今天要讨论的议题是新产品营销战略问题。

2. 本公司非常重视中国本土化战略。

3. 预计油价会在三个月内跌至最低谷。

4. 请确认一下您要求的详细资料。

5. 进展非常顺利。

6. 我们将尽早解决贵公司的索赔要求。

7. 给您带来不便，敬请谅解。

Tip

회의 일정을 잡을 때

내일 미팅 약속 확인차 전화드렸습니다.
我打电话是为了确认一下明天会议的相关事宜。
약속 장소 확인 부탁드립니다. 请确认一下见面的场所。
언제가 좋으세요? 您什么时候有空?
누가 참석하시나요? 都有哪些人出席会议呢?
그러면 그때 뵙겠습니다. 那么到时候见。
죄송하지만 내일 약속을 취소하게 되었습니다.
非常抱歉，我们不得不取消明天的约定。
죄송합니다, 일이 좀 생겨서요. 非常抱歉，突然发生了点儿事情。
어제 회식에 참석하지 못해 죄송합니다. 非常抱歉昨天未能参加聚餐。

단어 해설

인센티브 津贴[jīntiē]

개괄적으로 이야기하다 大致介绍[dàzhì jièshào]

동의하다, 합의하다 达成共识[dáchéng gòngshí]

매출 실적 하락 销售业绩下降[xiāoshòu yèjì xiàjiàng]

관련 사항 相关事宜[xiāngguān shìyí]

파업 罢工[bàgōng]

2 본격적인 회의 및 협상 표현

기본 학습

>> 최저 단가 마지노선을 어느 정도까지 고려하고 계십니까?
您考虑的价位底线是多少?

>> 저는 이 문제에 대한 결정권이 없습니다.
我没权利单独决定这个问题。/我对这个问题没有决定权。

>> 무리한 요구를 해서 죄송합니다만, 새로운 시스템을 모색해 주시기 바랍니다.
请恕我冒昧，请再探讨一个新的机制。

>> 유감스럽습니다만 라이선스 문제는 협상 사안이 아닙니다.
很遗憾，著作权问题不属于磋商事宜范围。

>> 윈윈의 기회를 놓치지 마시기 바랍니다.
希望您不要错失实现双赢的机会。

응용 학습 1

1. 귀사의 현지 지점 상황과 해외 진출 상황에 대해 말씀해 주십시오.

2. 귀사의 제안을 성심껏 듣도록 하겠습니다.

3. 발표한 환율 변동 대책에 대해 덧붙일 의견이 있습니까?

4. 본 의제와 다소 관련이 적긴 하지만 책임 소재에 대한 기준도 명확히 할 필요가 있습니다.

5. 현재 상황으로 볼 때, 유가 폭등으로 인한 단가 인상의 가능성은 없습니다.

6. 향후 시장 변화는 시간을 두고 좀 더 지켜봐야 할 것 같습니다.

7. 예정대로 진행될 경우, 올해 안으로 가시적인 성과를 기대할 수 있습니다.

1. 请说明一下贵公司在当地的分公司现状以及海外发展情况。

2. 我方会认真听取贵公司的建议。

3. 对于所发表的汇率变动政策，有没有其他意见？

4. 虽与本议题的关系不大，但有必要明确责任分工原则。

5. 按目前状况来看，不存在油价暴涨所致成本价上升的可能性。

6. 日后的市场变化，还需观望一段时间。

7. 如按预期顺利进展，年内可望达到显著成果。

응용 학습 2

1. 주문량은 문제가 되지 않습니다. 오퍼 가격이 문제이지요.

2. 납품 업체 선정에 대한 최종 결정권자가 누구시죠?

3. 특허권 사용에 대해 좀 더 융통성을 발휘해 주십시오.

4. 귀사가 라이선스 조건을 몇 가지만 양보해 주신다면 기꺼이 재계약을 하겠습니다.

5. 제안하신 아웃소싱 방법에는 동의하지만, 로열티에 대해서는 조율이 필요합니다.

6. 귀사의 입장을 이해 못하는 것은 아니지만, 기존 납품가로는 더 이상 재계약을 할 수 없습니다.

1. 订货量不成问题，问题出在报价上。

2. 选定供应商的最终决策人是哪位?

3. 有关专利权使用问题, 请再通融一下。

4. 若贵公司愿对专利条件做出几点让步, 我方会非常乐意续约。

5. 我方同意贵方有关外包事宜的方案, 但觉得版权费用有必要进一步磋商。

6. 我方完全理解贵公司的立场, 但如供货价格不变, 将无法续约。

응용 학습 3

1. 시간적 여유가 없습니다.

2. 즉각적인 시정을 부탁드립니다.

3. 환불 조건은 배포 자료를 참조하시기 바랍니다.

4. 절충의 여지가 있을까요?

5. 다소 무리한 요구라 생각합니다.

6. 죄송합니다만, 현재 오퍼가보다 더 이상 할인해 드릴 수는 없습니다.

7. 대량 구매 기준에 의거하여 송장 금액의 2%를 추가로 할인해 드리겠습니다.

1. 时间紧迫。

2. 请立即采取改善措施。

3. 退货条件请参考我们所发布的资料。

4. 请问是否可折衷一下。

5. 我方觉得这个要求有点不合理。

6. 很抱歉，我方不能再下调现定报价了。

7. 根据有关大量采购时的规定，将另行提供发票总额2%的折扣。

단어 해설

마지노선 底线[dǐxiàn]

라이선스 著作权[zhùzùoquán]

(어떤 까닭으로) 빚어진 결과/탓 所致[suǒzhì]

가시적인 성과 显著成果[xiǎnzhù chéngguǒ]

결정권자 决策人[juécèrén]

아웃소싱 外包[wàibāo]

절충하다 折衷[zhézhōng]

송장 금액 发票总额[fāpiào zǒngé]

3 마무리하는 말

기본 학습

〉〉 예상 결과를 개괄하며 본 세션을 마치고자 합니다.
以总结预期结果，来结束此次分会。

〉〉 유익하고 건설적인 회의였습니다.
相信本次会议深具建设性，并让与会人员受益匪浅!

〉〉 오늘 회의를 통해 상호 이해의 폭을 넓혔다고 생각합니다.
我们深信今天的会议增进了双方之间的相互了解。

〉〉 납품 업체 선정 문제는 보류하도록 하겠습니다.
供应商选定问题待定。

〉〉 회의를 마치기 전에, 다음 회의 시간과 장소를 정하도록 하겠습니다.
在结束本次会议之前，让我们决定一下下次会议的时间与地点。

응용 학습 1

1. 오전 회의까지 확정된 내용을 간략히 살펴보고자 합니다.
2. 여러분의 기탄없는 토의에 감사드립니다. 좋은 의견들이 많이 있었습니다.
3. 이 사안은 검토할 시간이 필요합니다.
4. 이 사안에 대해서 즉각적인 결정을 내리긴 힘들 것 같습니다.
5. 결정되는 대로 곧 알려드리겠습니다.
6. 유익한 회의였습니다.

1. 下面简单总结一下，今天上午会议结束之前所敲定的内容。
2. 谢谢各位开诚布公地讨论，并提出了很多宝贵的意见。
3. 该事宜有待探讨。
4. 立即决定该事项，存在一定难度。
5. 结果一出，会第一时间通知您。
6. 此次会议卓有成效。

응용 학습 2

1. 책임 소재를 분명히 해주시길 바랍니다.

2. 달러 대금 결제에 대해 재고해 주시기 바랍니다.

3. 결정권자와 상의해 보겠습니다.

4. 이견을 좁히지 못해 아쉽습니다.

5. 비록 회의 시간이 짧아서 충분한 의견을 교환하지는 못했지만, 앞으로 양사간 이러한 모임을 계속한다면 보다 좋은 성과를 거둘 수 있으리라고 생각합니다.

6. 따로 통보드리겠습니다.

1. 请明确一下责任分工。

2. 请再考虑一下有关使用美元结算货款的事宜。

3. 我们会请示决策人员。

4. 很遗憾这次没能谈妥。/很遗憾此次没能缩短双方的意见差异。

5. 由于会议时间仓促，未能进行充分地交流，但如今后两家公司继续举行类似会议的话，必将取得丰硕成果。

6. 我们会另行通知。

실전 비즈니스 회의

사회자:
안녕하십니까, 금번 2013년 인삼 수출 상담회를 담당하고 있는 농수산식품공사 고려삼 과장입니다.
먼저 해외 각지에서 한국 인삼을 구매하기 위해 찾아오신 바이어분들께 감사의 말씀을 드리며 본격적인 수출 상담회를 진행하도록 하겠습니다. 바이어분들은 각자 테이블에 자리해 주시고 한국 인삼 수출업체 대표분들은 순서에 맞추어 바이어를 찾아가 상담하시면 됩니다. 원활한 진행을 위해 상담 시간을 엄수해 주시기를 부탁드립니다.

한국 인삼 수출업체:
고품격인삼조합 고홍삼 과장입니다. 먼저 저희 제품부터 간략히 소개해 드리도록 하겠습니다. 현재 중국에 진출한 한국 홍삼 업체가 적지 않아 저희는 먼저 홍삼 캔디와 홍삼 초콜릿 시장을 틈새 시장으로 보고 공략하기로 했습니다. 포장지에 중국분들이 좋아하시는 대장금 캐릭터를 넣어 중국 관광객으로부터 좋은 반응을 얻고 있습니다. 한번 맛보세요. 다른 회사 홍삼 제품보다 맛있습니다.

중국 바이어:
대장금 캐릭터를 포장지에 넣은 건 정말 좋은 아이디어입니다. 맛도 좋구요. 그런데 대장금 캐릭터를 사용하는 데에는 별 문제가 없나요?

한국 인삼 수출업체:
예, 그 문제에 대해서는 걱정하지 않으셔도 됩니다. MBC와 라이선스를 체결해서 저희 회사에 사용권이 있습니다.

중국 바이어:
그렇군요. 제일 중요한 게 가격인데요, 오퍼 단가는 어떻게 되나요?

한국 인삼 수출업체:
여기 안내 책자에 보시면 구체적인 제품 단가가 있습니다. 대량 구매를 하시면 송장 금액의 2%를 추가로 할인해 드리고 있습니다.

중국 바이어:
그래도 타업체에 비해 많이 비싼 편이네요. 저희 입장에서는 시장 반응도 살피고 해야 하므로 당장 대량 구매는 어려운 상황입니다. 시장 개척을 위한 투자라 생각하시고 대량 구매 할인 가격으로 납품해 주시면 거래하겠습니다.

한국 인삼 수출업체:
어려움이 따르긴 하지만 귀사와의 장기적인 협력을 위해 기꺼이 받아들이도록 하겠습니다.

중국 바이어:
감사합니다. 샘플을 DHL로 보내주시겠습니까?

한국 인삼 수출업체:
예, 곧 보내드리도록 하겠습니다.

主持人:

尊敬的各位来宾, 大家好!

我是此次2013年人参外贸洽谈会的负责人, 高丽参课长。

首先向来自海外各地, 慕名前来洽谈韩国人参的采购商代表们表示衷心的感谢! 现在我宣布本次出口洽谈会正式开始! 下面有请来自世界各地的采购商代表们到指定的位置就座, 同时请韩国人参出口企业的各位代表们按照顺序依次与采购商代表进行交流。同时为确保大会顺利进行, 请各位遵守会议规定时间。

韩国人参出口企业:

大家好! 我是高品位人参合作组合的高红参课长。首先请允许我简单介绍一下我们的产品。现已有不少韩国红参企业已进军中国市场, 但我们认为红参糖和红参巧克力市场还尚属缝隙市场, 因此准备积极开拓。我们包装袋上印有的中国顾客喜欢的"大长今"人物形象, 深受中国访韩游客们的喜爱。建议各位品尝一下, 相信它的味道肯定好于其他品牌的红参产品。

中国采购商:

你们包装袋上印有的"大长今"人物形象, 真是个好主意! 而且味道也相当不错。那么, 这个有关"大长今"人物形象的版权问题已经解决了吗?

韩国人参出口企业:

当然, 这个问题大家都不用担心, 我们与MBC签署了形象使用权合同, 并已依法获得使用权。

中国采购商:

是吗? 关键是价格, 您的报价是多少呢?

韩国人参出口企业:

说明书上详细标有产品价格, 如果您批量购买, 我们将另行提供发票总额2%的折扣。

中国采购商:

但价格仍高于其他品牌, 而且我们还需观望市场反应, 所以不便于立即进行批量购买。如您权当是为开拓相关市场而进行的投资, 按批发价格供货的话, 我公司则愿与贵公司合作。

韩国人参出口企业:

虽然存在一定的难度, 但为了以后能与贵司开展长期合作, 我公司愿接受您的意见。

中国采购商:

非常感谢, 能否将样品用DHL发给我们呢?

韩国人参出口企业:

好的, 我们会立即发货。

단어 해설

수출 상담회 外贸洽谈会[wàimào qiàtánhùi]

바이어 采购商[cǎigòushāng]

틈새 시장 缝隙市场[fèngxì shìchǎng]

좋은 아이디어 好主意[hǎozhǔyì]

캐릭터 라이선스를 체결하다 签署形象使用权合同
[Qiānshǔ xíngxiàng Shǐyòngquán hétóng]

오퍼 단가 报价[bàojià]

대량 구매 批量购买[pīliàng gòumǎi]

송장 금액 发票总额[fāpiào zǒngé]

4 회의 진행 멘트

기본 학습

>> 명함 교환 시간을 갖도록 하겠습니다.
下面请各位互相交换名片。

>> 발표 중에 끼어들어 죄송합니다.
很抱歉，让我插一句。

>> 서로 기탄없이 견해를 말씀해 주십시오.
请各位坦诚地提出见解。

>> 로비에 커피와 차가 준비되어 있습니다.
大厅里备有咖啡和茶水。

>> 연회에 참석하셔서 자리를 더욱 빛내 주시기 바랍니다.
请各位嘉宾多多出席宴会，多多捧场。

응용 학습 1

1. 회의를 시작하기 전에 우선 회의 식순에 대해 간략하게 안내해 드리겠습니다.
2. 여기 계신 분들 모두 초면은 아닌 것 같으니 소개는 생략하도록 하겠습니다.
3. 한 분씩 말씀해 주십시오.
4. 시간을 지켜 주시기를 부탁드립니다.
5. 질문 없으시면 다음 사안으로 넘어가겠습니다
6. 배포 자료와 관련해서 질문 있으면 해주시기 바랍니다.
7. 이 안건은 건너뛰도록 하겠습니다.
8. 그 문제는 잠시 후에 다루도록 하겠습니다.
9. 시간이 촉박하니 요점만 간략히 말씀해 주시면 좋겠습니다.

1. 会议正式开始之前，先简单介绍一下会议内容及顺序。
2. 在座各位都不是初次相见，就省略自我介绍这一项了。
3. 请依次发言。

4. 请遵守时间。

5. 若没有提问，就转到下个议题。

6. 若对所发布的资料，存在疑问敬请提出来。

7. 本议题就略过了。

8. 这个问题稍后再谈论。

9. 因时间关系，请简单说明一下要点。

응용 학습 2

1. 각 대표 의견 잘 들었습니다.

2. 별다른 이견 없으시면 이대로 진행하겠습니다.

3. 발표하신 내용 중에 추가 발언이 필요하신 분이나 기타 건의 사항이 있으신 분께서는 기탄없이 말씀해 주시기 바랍니다.

4. 여러분의 열띤 토론이 매우 인상적이었습니다.

5. 이의 없으시겠지요?

6. 회의를 모두 마치겠습니다.

7. 잘 부탁드립니다.

8. 끝까지 경청해 주신 여러분께 진심으로 감사를 드립니다.

1. 谢谢各位代表提出的宝贵意见。

2. 若无意见, 我们就照此进行。

3. 对发表的内容, 欲进行补充说明, 或有其他建议的贵宾, 敬请畅所欲言。

4. 各位畅所欲言、热情洋溢的与会态度, 给我留下了深刻的印象。

5. 想必对此没有意见吧?/对此有没有哪位有其他意见?

6. 会议到此结束。

7. 有劳各位了。/那就拜托各位了。

8. 对于各位自始至终的聆听, 表示诚挚的谢意。

응용 학습 3

1. 잠시 커피 브레이크 시간을 갖도록 하겠습니다.

2. 점심 식사 후 회의를 계속하도록 하겠습니다.

3. 오늘 회의는 부서 내부 사정으로 인해 다음 주로 연기하겠습니다.

4. 휴대폰의 전원을 꺼 주시거나 진동 모드로 전환해 주시기 바랍니다.

5. 오늘 회의는 순차통역/동시통역으로 진행됩니다.

6. 질문하실 때 우선 소속과 성함을 밝혀 주시고 간단하게 5분씩만 말씀해 주시기 바랍니다. 세 분의 질문만 받겠습니다.

7. 사전에 양해드릴 사항이 있습니다.

8. 수고하셨습니다. 10분간 휴식한 뒤 1시 30분에 회의를 속개하겠습니다.

9. 이어서 만찬이 시작됩니다. 서로의 정을 나누는 유익한 시간이 되시기를 바랍니다.

1. 接下来是茶歇时间。/下面是休息时间。

2. 会议将在午餐结束后继续进行。

3. 今天的会议因公司内部事宜，延期至下周。

4. 请关掉手机电源或调到振动模式。

5. 今天会议采用交传/同传方式。

6. 提问时，请先表明所属部门和姓名，利用五分钟的时间简明扼要地提问，因时间关系，我们只回答三位贵宾的提问。

7. 事先向各位说明一下。

8. 谢谢大家。休息十分钟，会议将在下午一点三十分继续进行。

9. 接下来是晚宴时间，希望各位借此机会增进了解，加深友谊。

단어 해설

초면 初次相见[chūcì xiāngjiàn]
건너뛰다 略过[lüèguò]
요점 要点[yàodiǎn]
이의 意见[yìjiàn]
coffee break 休息时间[xīuxī shíjiān]/茶歇时间[cháxiē shíjiān]
순차통역/동시통역 交传/同传[jiāochuán/tóngchuán]
만찬 晚宴[wǎnyàn]

실전 회의 진행 멘트

1. 시간 관계상 질문은 여기까지 받고 그에 대한 답변을 들어보도록 하겠습니다.

2. 예정된 회의 시간이 다 되어 가오니, 핵심만 간단히 말씀해 주시기 바랍니다.

3. 다음은 MOU 초안을 발표하겠습니다. MOU 내용에 이의가 있는 부분은 다같이 토의하고 수정하도록 하겠습니다.

4. 오늘 토론은 매우 진지하고 유익했습니다. 앞으로 양사 발전에 많은 도움이 되리라 생각합니다.

5. 오늘 회의를 통해 상호 이해의 폭을 넓혔다고 생각합니다.

6. 본 회의는 해를 거듭할수록 진솔한 대화의 장으로 정착되어 가면서 양사의 윈윈에 큰 도움이 되고 있다고 생각합니다.

7. 그럼 이번 회의를 모두 마치겠습니다. 내년 회의를 기약하면서 여러분 부디 안녕히 가십시오.

8. 본 회의 준비를 위해 애써 주신 임직원 여러분께 진심으로 감사드립니다.

9. 여러분의 노고에 조금이나마 보답하고자 오늘 이 귀중한 오찬 자리를 마련하게 되었습니다.

1. 因时间关系, 提问到此为止, 下面进行答复。

2. 预定的会议时间快到了, 请尽可能简单地说明核心内容。

3. 下面发表谅解备忘录草案, 对草案内容有分歧的部分, 将共同讨论并进行修改。

4. 今天的讨论与会人员态度认真, 成果显著, 我相信这对双方的发展必将起到重大的作用。

5. 我相信通过今天的会议, 我们双方扩大了共识。

6. 此会议, 连年召开, 已成为双方开诚布公进行交流的平台, 为双方的共同发展作出了莫大贡献。

7. 今天的会议就此结束, 我们期待明年再次相会, 祝各位一路平安, 再见!

8. 由衷感谢为筹备此次会议付出努力的相关工作人员。

9. 为答谢各位贵宾所付努力, 特意为大家准备了午宴, 以略表我们的谢意。

단어 해설

핵심 核心内容/重点[héxīn nèiróng/zhòngdiǎn]

MOU 谅解备忘录[liàngjiě bèiwànglù]

초안 草案[cǎoàn]

안녕히 가십시오 祝各位一路平安![Zhù gèwèi yīlù píngān]

～에 보답하다 答谢～[dáxiè]

IV

프리젠테이션

실제 적용 가능한 프리젠테이션 구성법

1 서론의 구성

기본 학습

》안녕하세요! 제 프리젠테이션을 위해 와 주신 여러분, 정말 감사합니다.
大家好! 非常感谢各位参加今天的发表会。

》오늘 제 프리젠테이션의 주제는 ~입니다.
今天我的发表主题是~。

》먼저 ~을 살펴보고, 두 번째로는 ~을 살펴보도록 하겠습니다.
首先介绍一下~, 接着说明~。

》이 주제로 약 20분가량 말씀드리도록 하겠습니다.
就这个主题, 将进行20分钟的说明。

》PT를 마치고 나면 Q&A 시간을 가질 예정이오니, 질문이 있으신 분은 그때 말씀해 주시면 감사하겠습니다.
我的发表结束之后, 进行答疑, 各位有什么疑问的话, 请在答疑时间提问, 谢谢!

응용 학습 1 효과적인 6요소

1. 첫인사

여러분, 만나서 반갑습니다.

2. 자기 소개(이름, 회사명, 회사 내 직책 등)

제 소개로 시작해 볼까요. 저는 ~ 부서의 홍길동입니다.

3. PT의 주제 소개

오늘 제가 발표하고자 하는 것은 ~입니다.

오늘 저는 ~에 대해 말씀드리도록 하겠습니다.

4. 본론의 전체 구성, 요점 전달

오늘 PT는 세 파트로 살펴볼 수 있습니다. 첫째 ~, 둘째 ~, 마지막 ~.

오늘 PT는 ~로 시작해서 ~를 거쳐 ~로 마무리하도록 하겠습니다.

5. PT 전체의 소요 시간 안내

오늘 PT는 약 30분가량 진행될 예정입니다.

6. Q&A

약 10분간 Q&A 시간을 갖도록 하겠습니다.

발표 중에 궁금한 점이 생기시면 언제든 질문해 주십시오.

1. 很高兴见到大家。

2. 首先，简单地做一下自我介绍。我是~部的洪吉童。

3. 今天我要发表的主题是关于~。
今天我将就~进行发表。

4. 今天的发表可分为三部分：第一~；第二~；最后~。
今天的发表先从~开始，然后~，最后~。

5. 今天的发表将进行30分钟左右。

6. 下面是10分钟左右的答疑时间。
在我发表的时候，如有什么疑问，请随时提出。

Tip

사람의 만남에서 가장 중요한 첫인상은 30초 안에 결정된다고 한다. 프리젠테이션의 첫인상도 1분 이내에 결정되므로, 초반에 청중의 관심과 기대를 이끌어내는 것이 매우 중요하다. 여기 청중의 관심을 불러일으키는 tip을 정리해 둔다.

1. 질문 던지기: 간단하고 긍정적인 답변을 이끌어 내는 질문

~을 가정해 보세요./여러분이라면 어떻게 하시겠어요?

请设想一下~。/假如您碰到这种情况，您会怎么做？

왜 ~한지 궁금증을 가져 보신 적이 있으세요?

为什么会~，您是否觉得很好奇？

오늘 여기 모이신 분들 중 ~한 분은 몇 명이나 됩니까?

今天在座的来宾中，有几位觉得~？

~을 아시나요?

您知道~吗?

2. 자료 보여주기: 주제와 관련된 사진이나 동영상 등 시각 자료 활용

프리젠테이션을 시작하기 전에 사진을 몇 장 보여드리려고 합니다. 무엇에 대한 것인지. 한번 추측해 보시겠어요?

在我进行发表之前, 我先给大家看几张照片, 请猜一下这些照片都与什么内容相关?

3. 에피소드 던지기: 주제와 관련된 개인적인 일화나 짧은 이야기를 소개하며 흥미를 유발

여러분은 ~ 상황에 놓인 적이 있습니까? 저는 ~했던 때가 생각나는군요.

各位有没有碰到~情况? 我想起以前~的时候的情景。

~을 생각하면 ~가 떠오릅니다.

当我想起~的时候, 我就联想到~。

~에 대한 짧은 일화를 하나 소개해 드릴까 합니다.

下面给大家讲一下关于~的小插曲。

4. 통계 제시: 청중이 관심을 가질 만한 예상 외의 통계 수치를 제시

최근의 조사에 따르면 ~.

根据最新的调查, ~。

통계에 따르면 ~라고 합니다.

根据~的统计资料表明, ~。

며칠 전 신문에서 읽었는데요, ~.

几天前, 我看到了一篇报道~的内容,

5. 실물 보여주기: 실물을 연단으로 들고 나와 보여주며 자연스럽게 주제를 이끌어 낸다.

단어 해설

Q&A 시간 答疑/问答时间[dáyí/wèndá shíjiān]

질문하다 提问[tíwèn]

자기 소개 自我介绍[zìwǒ jièshào]

언제든 随时[suíshí]

실전 효과적인 서론

人类的健康使者——高丽人参

韩国高丽人参研究所所长 金人参

여러분, 안녕하십니까?

여러분께 고려인삼의 효능에 관하여 소개드릴 수 있게 된 것을 대단한 기쁘게 생각합니다.

제 소개로 시작해 볼까요. 저는 한국고려인삼연구소 소장 김인삼입니다. 혹시 오늘 아침 홍삼 드시고 오신 분 계신가요? (둘러보며) 역시 홍삼의 인기는 대단하군요.

캡슐, 농축액 또는 차, 캔디 등 다양한 형태로 우리 건강 생활을 지켜 주고 있는 게 바로 인삼입니다.

저는 오늘 우리 인류의 건강 지킴이로 우뚝 선 고려인삼의 효능에 대해 말씀드리도록 하겠습니다.

먼저 고려인삼의 어원을 알아보고, 그 다음 고려인삼의 우수성에 대해 설명한 후, 마지막으로 고려인삼의 다양한 효능에 대해 살펴보도록 하겠습니다.

이 주제로 약 20분가량 말씀드리도록 하겠습니다.

PT를 마치고 나면 Q&A 시간을 갖고자 하오니, 질문이 있으신 분은 그 때 말씀해 주시면 감사하겠습니다.

各位来宾, 大家好!

能为在座的各位介绍高丽人参的功效, 我感到非常的荣幸。

首先请允许我做一下简单的自我介绍, 我是韩国人参研究所所长, 我叫金人参。

在座的各位中有没有人在今天出门前在家吃过红参的? 哇, 红参的人气就是旺啊!

是的, 以胶囊、浓缩液或者茶、糖等各种产品形式维护我们健康的正是红参。

今天, 我向大家介绍维护人类健康的使者——高丽红参的功效。

首先来看一下高丽人参名字的来源, 再介绍其优秀性, 最后一起来看看其具备的多种功效。

就这个主题我将做20分钟左右的发表。

发表结束以后, 将是提问环节, 有疑问的来宾请在这个时间进行提问, 谢谢!

단어 해설

인기 人气[rénqì]

효능 功效[gōngxiào]

어원 (名字的)来源[(míngzì de) láiyuán]

우수성 优秀性[yōuxìuxìng]

~하는 시간 环节[huánjié]

2 본론의 구성

기본 학습

》 ~로 발표를 시작하겠습니다.
先从~开始进行发表。

》 이렇게 해서 첫 번째 부분에 대한 내용이 끝났습니다.
第一部分内容就此结束。

》 지금까지의 내용을 간략히 정리해 보겠습니다.
简单整理一下上述内容。

》 제가 앞서 ~라고 언급하였듯이
如前所述，~。

응용 학습 1 적절한 연결어 기술

1. 본론 시작하기
우선 ~에 대해 알려 드리겠습니다.

2. 한 섹션이 끝났음을 알림
이것으로 ~을 정리해 보았습니다.

3. 발표 중간에 내용을 정리
다음으로 넘어가기 전에 이번 섹션의 주요 내용을 정리해 보겠습니다.

4. 새로운 내용으로 연결하기
이제 다음 주제로 넘어가서

5. 내용 덧붙여 말하기
~에 대해 자세히 말씀드리겠습니다.
여기에 더해서 ~을 말씀드리겠습니다.

6. 이전 내용으로 되돌아가기
두 번째 사항으로 다시 돌아가겠습니다.
이전에 말씀드렸던 내용으로 돌아가서

1. 首先介绍一下关于~。

2. 以上就是关于~的介绍。

3. 介绍下一部分之前，先整理一下这一板块的主要内容。

4. 下面进入下一个主题

5. 将仔细讲述关于～的内容。
在此基础上，讲述关于～的内容。

6. 再回到第二个事项。
再回到之前讲过的内容

Tip

적절한 연결어 사용을 통해, 내용과 내용 사이에 시그널을 주면서 자연스럽게 청중이 발표자의 이야기에 몰입할 수 있도록 한다.

단어 해설

섹션 板块[bǎn kuài]
간략히 정리하다 简单整理一下[jiǎn dān zhěng lǐ yī xià]
～에 대해 자세히 이야기하다 仔细讲述关于[zǐ xì jiǎng shù guān yú]
～로 다시 돌아가다 再回到[zài huí dào]
앞에서 언급했듯이 如前所述[rú qián suǒ shù]

高丽人参的词源

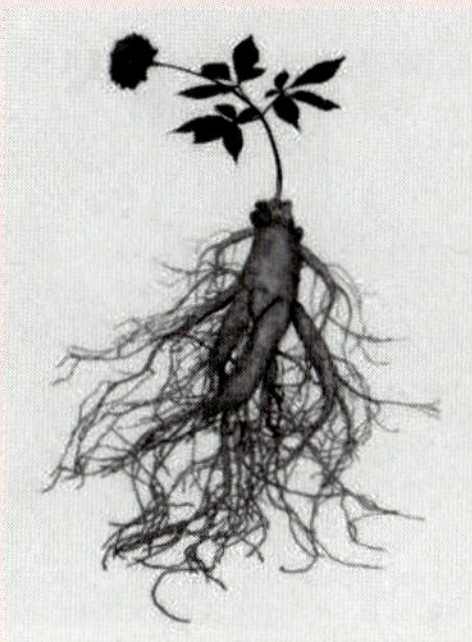

■ 人参的学名
Panax ginseng C. A, Meyer

■ Panax的词源
Pan (Greek): all
axos (Greek): cure

먼저 고려인삼의 학명에 대해 말씀드리겠습니다.

고려인삼의 학명은 Panax ginseng C. A, Meyer로서 'pan'이란 '모든', 'axos'란 '치료하다'라는 뜻으로 모든 질병을 치료한다는 의미가 있습니다. 인삼속 식물에는 고려인삼 외에도 일본 · 미국 · 중국 · 히말라야 삼이 있습니다만 유일하게 고려인삼만이 세계보건기구에서 의약용으로 승인을 받았습니다.

다음으로 저는 왜 고려인삼이 타국 삼에 비해 우수한지에 대해 설명드리겠습니다. 한국은 인삼의 생육에 가장 적합한 기후 조건을 가지고 있으며 특히 4계절이 뚜렷한 것이 특징입니다. 또한, 오염되지 않은 환경, 천년 이상 된 인공 재배 역사와 최첨단 가공 기술을 보유하고 있습니다. 게다가 고려인삼은 다른 나라 인삼에 비해 훨씬 많은 유효 성분 즉, 사포닌을 함유하고 있는 것이 특징입니다.

首先，先介绍一下高丽人参的学名。

高丽人参的学名表示为Panax ginseng Meyer，这里的pan是“所有的”意思，axos为“治疗”的意思，合起来意味着“治疗所有疾病”。人参科植物除了高丽人参以外，还有日本、美国、中国和喜玛拉雅产人参，其中唯有高丽人参获得了世界保健机构授予的药用许可。

接着来说明为什么说高丽人参比他国产人参优秀。韩国拥有最适合人参生长的气候条件，尤其是四季分明。而且拥有着无污染生长环境，千年以上历史的人工栽培技术及最尖端的加工技术。另一个特点就是高丽人参比起其他国家产的人参，含有更多量的有效成份即皂角苷“saponin”。

단어 해설

학명 学名[xuémíng]

세계보건기구 世界卫生组织[shìjiè wèishēng zǔzhī]

승인 받다 获得许可[hùodé xǔkě]

최첨단 最尖端[zùi jiānduān]

사포닌 皂角苷[zàojiǎogān]

3 그래프 · 차트 설명

기본 학습

》 먼저 이 그래프에 대해서 간략히 설명하겠습니다.
先简单说明一下这个图表。

》 여기에서 분명히 알 수 있는 사실은 ~.
由此可知~。

》 붉은색 막대는 매출 성장이 서서히 줄어들고 있음을 보여줍니다.
红柱显示销售额增长率缓慢下降。

》 유가가 배럴당 20~40달러 사이에 등락을 거듭했습니다.
油价在每桶20至40美元之间频繁涨落。

》 이 그래프는 우리의 해외 시장 증가율이 급격히 증가했음을 나타냅니다.
这图标显示国外市场的增长率急剧上升。

응용 학습 1

1. 소개: 그래프에 대한 설명과 함께 청중의 관심을 유도

이 그래프에 주목해 주세요.
이 그래프는 ~에 대한 것입니다.
이 그래프는 여러분이 ~을 이해하는 데 도움이 될 것입니다.

2. 설명: X축과 Y축, legend(범례) 설명

세로 축은 ~을 나타내고 가로 축은 ~을 보여줍니다.
실선/점선은 ~을 나타냅니다.

3. 메시지: 주요 정보만 강조하여 전달

다음 핵심 사항들을 강조하고자 합니다.

1. 请注视一下这个图表。
   这个图表是关于~。
   这图表将有助于各位理解~。

2. 纵轴显示~，横轴表示~。
   实线/虚线表示~。

3. 我想强调以下重点事项。

Tip

그래프 · 차트에 대한 친절한 설명으로 청자의 관심을 유도하고, 효과적으로 자신의 메시지를 전달하도록 한다. 여기 그래프 · 차트 설명에서 유용한 표현들을 정리했다.

1. 변동

상승하다 增加, 上升

늘다/증가하다/성장하다 提高/增加/增长

하락하다 下降, 减少

붉은색 막대는 매출 성장세가 서서히 줄어들고 있음을 보여줍니다.

红柱显示销售额增长率缓慢下降。

감소하다/떨어지다/줄다 减少/下降/降低

등락을 거듭하다 频繁涨落

유가가 배럴당 20~40달러 사이에서 등락을 거듭했습니다.

油价在每桶20至40美元之间频繁涨落。

오름세(하락세)가 멈추다 停止上涨(下跌)

변화가 없다 无变化

보합세/유지하다/안정적이다/똑같은 수준 유지/같은 수준에 머물다

平稳走势/维持/保持稳定/维持同样水准/停留在同一水平

2. 변화의 정도

급격히 急剧

이 그래프는 우리의 해외 시장 증가율이 급격히 증가했음을 나타냅니다.

这图表显示国外市场的增长率急剧上升。

빠르게/서서히 快速/缓慢

단어 해설

매출 销售额[xiāoshòu é]

붉은색 막대 红柱[hóngzhù]

나타내다, 보여주다 显示[xiǎnshì]

둔화, 줄어들다 缓慢[huǎnmàn]

배럴당 每桶[měi tǒng]

그래프 图表[túbiǎo]

가로 축/세로 축 横轴/纵轴[héngzhóu/zòngzhóu]

실선/점선 实线/虚线[shíxiàn/xūxiàn]

주목하다 注视[zhùshì]

핵심 사항 重点事项[zhòngdiǎn shìxiàng]

실전 그래프 · 차트 설명시 유의 사항

各人参科植物里的皂角苷含量

人参种类	所含有的配糖体种类数
高丽人参	34
中国参	15
美国参	14
日本参	8

먼저 이 표에 대해 간략히 살펴보겠습니다.

이 표는 인삼속 식물별 함유 사포닌 종류를 나타낸 것입니다.

진세노사이드라고도 하는 천연 사포닌 함유 수는 고려인삼에 34종, 중국 삼에 15종, 미국 삼에 14종, 일본 삼에 8종이 함유되어 있습니다. 각각 사포닌의 약리 활성이 다르다는 점을 고려한다면 고려인삼의 약효가 그만큼 다양하다는 사실을 이해할 수 있을 것입니다.

현대과학적으로 밝혀진 고려인삼의 효능은 항피로, 항스트레스, 항암 등 다양합니다.

首先一起来看看这张图表，它显示的是各人参科植物里的皂角苷“saponin”含量。配糖体（Ginsenoside），这一天然皂角苷的含量分别为：高丽人参 34种、中国参15种、美国参14种、日本参8种。

考虑到各皂角苷的药理活性都不同，可想而知高丽人参的药效也尽有不同。

目前，由现代科学证明高丽人参具有抗疲劳、抗心理压力、抗癌等功效。

단어 해설

진세노사이드 配糖体[pèitángtǐ]
약리 활성 药理活性[yàolǐ húoxìng]
항피로 抗疲劳[kàng píláo]
항스트레스 抗心理压力[kàng xīnlǐ yālì]
항암 抗癌[kàngái]

4 효과적인 마무리

기본 학습

〉〉 이것으로 오늘의 프리젠테이션을 마칠까 합니다.
就此结束今天的发表。

〉〉 요점을 정리하면서 마칠까 합니다.
最后, 以整理要点来结束我的发表。

〉〉 결론적으로, 우리는 ~해야 합니다.
总而言之, 我们应该~。

〉〉 경청해 주셔서 감사합니다.
感谢各位聆听我的发表。

〉〉 지금부터 질문을 받도록 하겠습니다.
下面开始回答大家的提问。

응용 학습 1

1. 결론 부분임을 안내

이렇게 해서 제 프리젠테이션을 마칠 시간이 되었습니다.

2. 주요 내용 요약

오늘 다루었던 내용을 간략히 정리해 보겠습니다.
요약하자면, ~라고 할 수 있습니다.

3. 결론 내리기/제안하기 및 감사 인사

결론으로서, ~이라고 말씀드리고 싶습니다.
~하기를 강력히 제안합니다.
제가 말씀드린 것에 근거하여 두 가지 권고 사항이 있습니다.
유익한 시간이 되셨기를 바랍니다. 이 콘퍼런스에 참석해 주셔서 감사합니다.

4. 질문 받기

질문 있으면 하셔도 좋습니다.
질문이 많으실 거라 생각됩니다. 순서대로 질문해 주십시오.

1. 就此我的发表到了收尾阶段。

2. 简单概括一下今天所讲的内容。
综上所述，可以说～。

3. 总体来说，这是～。

强烈提议～。
根据我所讲的内容，有两项提议。
希望各位今日能满载而归，感谢各位参加这次讨论会。

4. 有什么疑问的话，可以提问。
想必各位有很多提问，请按顺序逐一提问。

Tip

결론에 도달했음을 알려주어 청중이 끝까지 검증할 수 있도록 돕는다. 앞서 본론에서 제시한 사항 중, 꼭 기억해야 할 사항만을 최종적으로 정리해서 청중이 오래 기억할 수 있도록 한다.

단어 해설

요점 정리하다 整理要点[zhěnglǐ yàodiǎn]
질문받다 回答提问[huídá tíwèn]
결론적으로 总体来说 [zǒngtǐ lái shuō]
순서대로 按顺序[àn shùnxù]

실전 효과적인 마무리

谢谢!

이제 프리젠테이션을 마칠 시간이 다 된 것 같은데요, 오늘 다루었던 내용을 간략히 정리하면서 마칠까 합니다.

고려인삼은 천혜의 자연 환경에서 그 자체에 월등히 우수한 인삼 유효 성분을 함유하고 있으며, 최첨단의 가공 기술을 통해 다양한 형태로 우리의 건강을 지키고 있습니다.

이것이 저의 발표 마지막 그림입니다. 경청해 주셔서 감사합니다.

질문 있으면 하셔도 좋습니다.

我们的发表时间快要结束了,

最后, 我来简单总结一下今天的发表内容。

高丽人参, 生长在最佳的自然环境中, 含有极其优秀的人参有效成份, 经过最尖端加工技术, 以多种形式的产品维护着我们的身体健康。这是最后一张图, 谢谢各位聆听。

如有疑问, 敬请提出。

단어 해설

간략히 정리하다 简单总结[jiǎn dān zǒng jié]

월등하다 极其优秀[jí qí yōu xìu]

유효 성분 有效成份[yǒu xiào chéng fèn]

경청하다 聆听[líng tīng]

5 Q&A 시간 유용한 표현

기본 학습

〉〉 제가 이해한 것이 맞다면, ~에 대해 질문하신 건가요?
我要是没猜错的话，您的提问是关于~的吗？

〉〉 매우 좋은/흥미로운 질문이네요.
非常好的/饶有趣味的提问。

〉〉 이것으로 질문에 대한 답이 되었나요?
我的回答有没有解答您的问题？

〉〉 이 시점에서는 그에 대한 언급을 할 수가 없습니다. 기밀 정보입니다.
目前我还不能回答这些问题，这些都是保密内容。

〉〉 그 정보는 제가 가지고 있지 않습니다. 이번 세션을 마친 후에 이메일 주소를 주시면 메일로 보내드리겠습니다.
我现在没有这些信息。这板块结束之后，如果您留下电子邮件地址，我会把我的答复发给您。

응용 학습 1

1. 질문의 의도가 분명치 않은 경우, 질문의 요지를 반복 확인

~을 물어보시는 건가요?
죄송하지만, 제가 잘못 들었습니다.
다시 한번만 질문해 주시겠습니까?
질문을 좀 더 구체적으로 해주시겠습니까?

2. 질문자에 대해 감사 표시

좋은 지적을 해주셨습니다.
질문해 주셔서 감사합니다.
그 점을 지적해 주셔서 기쁘군요.
많은 분이 그런 질문을 저에게 하십니다.

3. 다음 질문으로 넘어가기 전에 충분한 대답이 되었는지를 꼭 확인

원하시는 정보가 맞나요?
답변이 충분한가요?
질문에 충분한 답변이 되었기를 바랍니다.
다음 질문으로 넘어갈까요?
질문 없으시면 제 발표를 이만 마치도록 하겠습니다.

1. 您提问的是~吗?
很抱歉，我没有听清楚。
请您重复一遍。
您的提问能否更具体一些?

2. 指点得非常好。
感谢您的提问。
您指出这一点，我觉得很高兴。
很多来宾问我同样的问题。

3. 这是您想了解的内容吗？
我的答复您满意吗？
希望我的答复能充分解答您的问题。
请下一位提问。
如果没有提问的话，我的发表就到此结束。

응용 학습 2

1. 지금 당장 답할 수 없는 질문

죄송하지만, 그 질문에 대한 답은 지금 드릴 수 없습니다. 다음에 다시 알려드리도록 하겠습니다.
죄송합니다만, 정확한 수치는 모르겠습니다.
~라고 생각되지만 확실하지는 않습니다.

2. 공개하기 곤란한 정보에 대한 질문

흥미로운 질문이지만 오늘은 답변하지 않는 것이 좋겠습니다.
저는 그 질문에 답변할 수 있는 위치에 있지 않습니다.

3. 주제와 상관없는 질문

죄송하지만 질문이 발표의 주제를 벗어났습니다.

제 분야가 아닙니다.
그 질문은 나중에 다루어도 될까요?

1. 很抱歉，对这个问题，我现在不能回答。希望能在下次告诉您。
   很抱歉，我不太了解准确的数据。
   我觉得～，但不能肯定。

2. 您的提问很有意思，但今天我还是不答为好。
   您的提问超出了我能回答的范围。

3. 很抱歉，您的提问超出发表的主题。
   您的提问不是我的研究领域。
   您的问题能不能以后再探讨？

Tip

질문자는 프리젠테이션에 관심을 가져준 고마운 사람이라는 긍정적인 마인드로 질문의 요지를 정확히 파악하고, 최선의 답변을 하도록 노력한다. 당장 답변하기 껄끄러운 질문들에 대한 센스있는 대처법도 활용해 보도록 한다.

단어 해설

흥미로운 질문 饶有趣味的提问[ráoyǒuqùwèi de tíwèn]

충분한 답변 充分解答问题[chōngfèn jiědá wèntí]

구체적 具体[jùtǐ]

다음 차례 下一位[xià yī wèi]

잘못 듣다 没有听清楚[méiyǒu tīngqīngchǔ]

기밀 정보 保密内容[bǎomì nèiróng]

분야 领域[lǐng yù]

주제를 벗어나다 超出发表的主题[chāochū fābiǎo de zhǔtí]

흥미롭다 很有意思[hěn yǒu yìsī]

확실하지 않다 不能肯定[bú néng kěndìng]

실전 Q&A 시간 유용한 표현

질문: 고려인삼의 효능에 관해 잘 들었습니다. 고려인삼이 약용으로 승인을 받은 만큼 인삼 제품의 권장 섭취량도 필요하다고 생각합니다. 혹시 이에 관한 연구 자료가 있는지 궁금합니다.

답변: 매우 흥미로운 질문입니다. 사실 실험 쥐를 대상으로 인삼의 독성 실험을 진행했습니다. 그러나 다량의 인삼 성분을 투여해도 그로 인한 부작용은 발견할 수 없었습니다. 이로써 유추해 볼 때 인체에 미치는 부작용도 없을 것으로 보여 권장 섭취량을 별도로 표기하도록 하고 있지는 않습니다. 충분한 답변이 되었기를 바랍니다.

问: 感谢您如此详细地进行说明。我要问的是, 高丽人参既然获得了药用许可, 那么, 也应该规定其服用剂量。请问, 是否有这方面的研究资料呢?

答: 这个问题十分有趣, 其实我们对毒性已作过老鼠实验, 但大量投入的人参成份也没有发现任何副作用。故可以此类推的是: 人参对人体也不会有副作用, 所以没有另标出其服用剂量。希望我的答复能充分解决您的疑问。

단어 해설

권장 섭취량 服用剂量[fúyòng jìliàng]

연구 자료 研究资料[yánjiū zīliào]

대량 투여 大量投入[dàliàng tóurù]

유추하다 类推[lèituī]

부작용 副作用[fù zuòyòng]

V

품격 멘트

진심 가득한 멘트로 사람의 마음 움직이기

1. 품격 인사말 멘트
2. 품격 연회 진행 멘트
3. 품격 중국어 명언

1 품격 인사말 멘트

기본 학습

>> 여러분을 진심으로 환영합니다.
热烈欢迎各位来宾。/向莅临会议的各位来宾表示诚挚的欢迎。

>> 유익하고 보람있는 한국 방문이 되시기를 기원합니다.
祝愿此次访韩能成为一次卓有成效的访问。

>> 따뜻한 환대에 감사드립니다.
对贵方的盛情款待表示深深的谢意。

>> 끝으로 성공적 개최를 기원하며 여러분의 건승을 빕니다.
希望此次会议取得圆满成功, 祝愿各位身体健康, 事业蒸蒸日上!

>> 한잔 받았으니 제가 한잔 따르겠습니다.
我也来敬您一杯吧, 礼尚往来嘛!

응용 학습 1 환영사 멘트

1. 전 직원을 대표해 여러분을 진심으로 환영합니다.

2. 마음속 깊이 따뜻한 환영의 인사를 드립니다.

3. 이곳 서울까지 어려운 걸음을 해주신 데 대해 깊은 감사의 말씀을 드립니다.

4. 바쁘신 일정에도 불구하고 귀중한 시간을 할애해서 자리를 함께해 주신 데 대해 깊은 감사의 말씀을 드리는 바입니다.

5. 여러분을 모시고 만찬을 개최하게 된 것을 무한한 영광으로 생각합니다.

6. 대표자 여러분을 이곳에서 뵙게 된 것을 무한히 기쁘게 생각하며, 또한 영광으로 여기는 바입니다.

7. 남은 체류 기간 동안 몸 건강히 아름다운 추억 만드시고 안녕히 돌아가십시오.

8. 아무쪼록 한국에 계시는 동안 편안한 시간이 되시기를 바랍니다.

9. 오늘 이 자리를 빛내 주시기 위해 참석하신 국내 여러 귀빈들께도 감사를 드리며, 즐거운 저녁 시간 되시기를 바랍니다.

10. 짧은 시간이기는 하지만 한국의 풍요로운 정취와 인정을 흠뻑 느끼는 좋은 기회가 되시기를 진심으로 기원하는 바입니다.

11. 중국 진출에 아낌없는 성원과 지도 편달 부탁드립니다.

1. 我谨代表全体员工向各位表示热烈的欢迎。

2. 向各位来宾致以由衷的欢迎之意。

3. 对各位能在百忙之中抽出时间访问首尔表示深深的谢意。

4. 对于各位贵宾不顾繁忙的行程，抽出宝贵的时间与我们相见，表示深深的谢意。

5. 非常荣幸能陪伴各位贵宾共进晚餐。

6. 能在此见到各位代表，感到无比高兴和荣幸。

7. 希望剩下的访问行程，各位健健康康，缔造美好回忆，平平安安回国。

8. 希望各位在访韩期间心情愉快，身心舒适。

9. 对于国内众多贵宾大驾光临，表示深深的感谢，也祝各位度过一个愉快的夜晚。

10. 虽然时间比较短暂，但衷心希望各位贵宾能在韩国感受到多彩情趣与人情。

11. 对于我们进军中国市场，希望能给予支持和指教。

응용 학습 2 축사 멘트

1. 이 자리에 초청해 주셔서 무한한 영광으로 생각합니다.

2. 세심한 배려로 맞아 주신 여러분께 진심으로 감사드립니다.

3. 우리 일행을 따뜻하게 맞아 주신 데 대해 감사를 드리는 바입니다.

4. 이번 회의 준비를 위해 애써 주신 관계자 여러분의 노고에 깊은 감사를 드립니다.

5. 회의의 성공적 개최를 기원하며 지속적인 발전을 축원합니다. 감사합니다.

6. 끝으로 이 자리에 참석해 주신 여러분의 가정과 앞날에 무궁한 발전과 영광이 함께하시길 기원하면서 삼가 축사에 갈음합니다.

7. 여러분의 가정에 건강과 행운이 가득하시기를 빕니다.

8. 끝으로 여러분의 건강과 행복을 기원하며, 또한 오늘 회의 준비를 위해 애써 주신 관계자 여러분께 사의를 표합니다.

9. 오늘 본회의 개최를 위해 힘써 주신 회장님께 진심으로 감사드립니다.

1. 受邀参加此次晚宴，我感到无比荣幸。

2. 对各位为我们所做的精心周到的安排/ 对各位的盛情款待，表示深深的谢意。

3. 对各位的热诚迎接，表示衷心的感谢。

4. 衷心感谢各有关人员为筹备此次会议而付出的辛劳。

5. 祝愿此次会议能成功举办，持续发展！谢谢大家！

6. 最后祝愿在座的各位前程似锦，阖家幸福。

7. 祝健康好运与您家人常伴。

8. 最后祝愿各位身体健康，幸福美满，同时对精心筹备此次会议的相关工作人员表示谢意。

9. 对于会长先生为举行此次会议而付出的努力，表示衷心的感谢。

응용 학습 3 술자리 멘트

1. 상석으로 앉으시지요.

2. 차린 건 없지만 많이 드십시오.

3. 자, 한잔 따르겠습니다.

4. (자작할 때) 제가 따르겠습니다.

5. 술 한잔 더 하세요. 좋은 친구를 만나면 천 잔으로도 부족하고, 마음이 맞지 않으면 말 한마디도 건네고 싶지 않다는 말이 있지요.

6. 술이 약합니다.

7. 주량이 엄청나십니다.

8. (술이 약해서) 술잔 대신 찻잔을 들어도 될까요?

9. 앞으로 기회는 얼마든지 있습니다.

10. 끝나지 않는 연회는 없다지요. 아쉽지만 오늘은 이만 마무리하도록 하겠습니다.

1. 请上座。

2. 略备薄宴，尽请享受。/照顾不周，请慢用。

3. 来，我敬你一杯。

4. 让我自己来。

5. 来，再敬您一杯。中国有句俗话说，酒逢知己千杯少，话不投机半句多。

6. 我不会喝酒。/酒量不好。

7. 您真是海量。/您酒量真好。

8. 以茶代酒，可以吗？

9. 来日方长，后会有期(以后的日子还有很多，见面的机会多着呢!)。

10. 天下没有不散的宴席，今天我们就到这里吧。

Tip

상대방에게 술을 따라 주며 화답할 때

술 한잔 받았으니 제가 한잔 따르지요.
(오는 게 있으면 가는 게 있다는 원뜻에서 활용됨.)

我也来敬您一杯吧，礼尚往来嘛!

술잔을 완곡히 거절할 때

제가 술이 약해서요. 술잔 대신 찻잔을 들어도 될까요?

我不会喝酒，我以茶代酒，可以吗?

아쉬운 술자리를 마무리해야 할 때

앞으로 술 한잔 할 기회는 얼마든지 있으니, 오늘은 이제 마무리하도록 하지요.

来日方长，后会有期。以后的日子还有很多，见面的机会多着呢! 今天我们就到这里吧。

단어 해설

왕림하시다/자리를 빛내 주다 大驾光临[Dàjià guānglín]

초청받다 受邀[shòuyāo]

상석 上座[shàngzuò]

오는 정이 있어야 가는 정이 있다 礼尚往来[Lǐ shàng wǎng lái]

차린 건 없지만 많이 드십시오 照顾不周，请慢用
[Zhàogù bùzhōu qǐng màn yòng]

여러분의 건승을 기원합니다!
祝愿各位身体健康，事业蒸蒸日上!
[Zhù yuàn gèwèi shēntǐ jiànkāng, shìyè zhēngzhēngrìshàng!]

진심으로 축하드립니다 衷心祝贺[Zhōngxīn zhùhè]

사업의 성공을 기원합니다
祝愿我们的合作圆满成功
[Zhù yuàn wǒmen de hézuò yuánmǎnchénggōng]

무한한 영광으로 생각합니다 感到无比荣幸[Gǎndào wúbǐ róngxìng]

앞으로 충분한 시일이 있으며 만날 기회가 많다
来日方长，后会有期[Láirì fāng cháng, hòu huì yǒuqī]

실전 품격 인사말 멘트

1. 존경하는 내외 귀빈 그리고 신사숙녀 여러분,
이 자리를 빌어 바쁘신 가운데 귀중한 시간을 내주신 ○○○ 님, 멀리서 오신 ○○○ 님, 그리고 이 자리에 계신 여러분들께 깊은 감사의 말씀을 드립니다.

2. 존경하는 내외 귀빈 그리고 신사숙녀 여러분,
이 아름다운 계절에 여러분들과 아름다운 한국의 수도 서울에서 오늘 이 만찬에 참석할 수 있게 되어 매우 영광으로 생각합니다. 이 자리를 빌어 참석해 주신 모든 분들께 진심으로 감사드립니다.

3. 모든 만남은 우연이 아니라는 말이 있듯이 여기 계신 분들께서도 오늘밤 행복한 시간을 보내시기 바랍니다. 참석하신 모든 분들께 환영의 인사 말씀 드리며 모두 건강하시고 승승장구하시기를 바랍니다.

4. 존경하는 내외 귀빈 그리고 신사숙녀 여러분,
우선 주최 측의 초대에 깊은 감사를 표하는 바입니다. 오늘 제가 몸이 불편하여 여러분들과 함께할 수 있는 기회를 놓친 것에 대해 매우 유감스럽게 생각합니다. 이에 편지로써 죄송하다는 말씀을 드리며 동시에 오늘 만찬이 모든 분들에게 즐거운 추억이 되시길 바라겠습니다.

5. 존경하는 내외 귀빈 여러분, 이 자리를 빌어 중국 측 ○○○ 단장님과 일행으로 참석해 주신 모든 분들, 그리고 바쁘신 가운데

귀중한 시간을 내어 만찬을 빛내 주신 한국 측 ○○○ 님을 진심으로 환영합니다.

1. 尊敬的各位嘉宾, 亲爱的女士先生们: 在此, 首先感谢百忙之中抽空出席的○○○, 以及远道而来的○○○, 还有在座的各位朋友们!

2. 尊敬的各位领导、各位来宾、女士们、先生们: 非常荣幸在这个美丽的季节, 与大家相聚在美丽的韩国首尔, 参加此次宴会。在此, 为莅临各位领导和来宾表示诚挚的欢迎!

3. 相逢相识皆是缘! 今天我们相约在这里, 享受缘分带给我们的快乐! 在这里我向在座的各位, 致以热烈的欢迎: 祝漂亮、贤慧的女士们, 尊贵、智慧的先生们, 身体健康, 步步高升!

4. 尊敬的各位来宾, 女士们先生们: 非常感谢主办方对我的盛情邀请, 因今天身体欠佳, 失去了一次与各位相识的好机会, 十分遗憾。为了弥补这个遗憾, 特写此信表示歉意, 同时祝愿此次晚宴能给大家留下美好的回忆。

5. 各位来宾你们好! 我向以○○○先生为代表前来出席晚会的中方与会人士, 以及百忙之中不辞辛苦前来为晚会增添光彩的韩方○○○先生/女士, 致以热烈的欢迎!

단어 해설

멀리서 오다 远道而来[yuǎndào ér lái]

바쁜 가운데 귀중한 시간을 내다

百忙之中抽空[Bǎimáng zhī zhōng chōukòng]

승승장구하다 步步高升[bùbù gāoshēng]

모든 만남은 우연이 아니다

相逢相识皆是缘[Xiàngféng xiàngshí jiē shì yuán]

유감스럽게 생각합니다 十分遗憾[shífèn yíhàn]

2 품격 연회 진행 멘트

기본 학습

〉〉 뜨거운 박수 부탁드립니다.
请大家掌声鼓励。

〉〉 내년 12월 중국 북경에서 우리 다시 만날 수 있기를 기원합니다. 부디 안녕히 가십시오.
我们期待明年十二月能在中国北京再次相见，祝愿各位一路平安，再见!

〉〉 선물 교환 및 기념 촬영이 있겠습니다.
下面请交换礼品，然后请大家一起合影留念。

〉〉 멀리서 오신 여러분들을 위해 작은 기념품을 준비했습니다.
我们为远道而来的各位准备了小小礼品，敬请笑纳!

〉〉 사진은 현장에서 즉석 인화를 해드리겠습니다. 좋은 추억 되시길 바랍니다.
纪念照会直接在现场冲洗出来，分给大家，愿它能给各位带去美好回忆。

응용 학습 1 시작 및 마무리 멘트

1. 착석해 주십시오.
2. 본인 이름이 적힌 곳에 앉아 주십시오.
3. 만찬을 시작하기 전에 우선 식순에 대해 간략하게 안내해 드리겠습니다.
4. 간단히 참석자 소개 시간을 갖도록 하겠습니다.
5. 소개해 드린 분 이외에도 많은 귀빈께서 참석하셨습니다만, 시간 관계상 이것으로 내빈 소개를 마치겠습니다.
6. 먼저 회장님의 인사 말씀이 있겠습니다.
7. 박수로 환영해 주십시오.
8. 중국 귀빈들을 환영하기 위해 본사에서 오늘의 만찬을 준비했습니다.
9. 오늘 만찬을 마음껏 즐기십시오.
10. 준비가 미진하더라도 널리 양해해 주시고 즐거운 시간이 되시기를 바랍니다.
11. 공사다망하심에도 불구하고 참석해 주신 데 대해 심심한 감사의 말씀을 드립니다.
12. 다시 한번 감사의 말씀을 드립니다.
13. 통역해 주신 통역사께도 감사를 드립니다.

1. 请入席。

2. 请对名入座。

3. 晚宴开始之前, 先简单介绍一下晚宴顺序。

4. 下面由我来介绍到场各位来宾。

5. 除了以上贵宾以外, 还有众多嘉宾出席, 但因时间关系, 来宾介绍到此为止。

6. 首先, 有请会长先生致词。

7. 请掌声欢迎!

8. 为了欢迎远道而来的中国贵宾, 总公司准备了今天的晚宴。

9. 请尽情享受今天的晚宴。

10. 筹备不足/招待不周, 请多多包涵, 希望各位欢度愉快的时光。

11. 非常感谢您在百忙之中出席此次会议。

12. 再一次表示感谢。

13. 同时对我们的翻译员先生/女士也表示感谢。

응용 학습 2 사진 촬영, 기념품 교환 안내 멘트

1. 지금부터 기념품 증정이 있겠습니다.

2. 회의 참석자 여러분께 드릴 기념품을 준비하였으니 작지만 받아 주십시오.

3. 중국 측에서도 답례로 기념품을 증정하겠습니다.

4. 만찬을 마친 후 기념 촬영이 있겠습니다. 회의 참석자 여러분께서는 한 분도 빠짐없이 앞으로 나와 주시기 바랍니다.

5. 마지막으로 전체 기념 촬영이 있겠습니다. 모두 무대 위로 올라와 주시기 바랍니다.

6. 사진은 이메일로 보내드리도록 하겠습니다. 이메일 주소를 남겨 주시기 바랍니다.

7. 마음에 드시길 바랍니다.

8. 김치~ 해주세요!

1. 现在赠送纪念品。

2. 为与会的各位准备了小小纪念品，不成敬意，敬请收下。

3. 作为答礼，中方也赠送纪念品。

4. 晚宴结束后，拍纪念照，请全体与会人员都到前面来。

5. 最后请双方全体参会人员合影留念，请大家都站到台上来。

6. 纪念照会发到各位的电子信箱，请各位留下邮箱地址。

7. 希望您喜欢！

8. 请大家一起喊“茄子”！

Tip

건배를 제의할 때

우리 모두 건배합시다. 건배!

大家一起干杯！干杯！

자, 잔을 들고 건배합시다. ○○○ 님께서 건배사를 해주시겠습니다.

请大家举起酒杯，一同干杯，请○○○先生/女士为大家提祝酒词。

다음으로 회장님의 건배 제의가 있겠습니다.

下面有请会长先生提议举杯(致祝酒词)。

내외 귀빈 여러분! 양회장님의 건승과 양사의 우의를 위하여 다같이 축배를 들어주시기 바랍니다.

各位来宾！为梁会长的身体健康和两家公司的深厚友谊，建议大家一起举杯！

이 자리를 빛내 주신 장회장님의 건승과 우리 양사의 영원한 우의와 발전을 위해 다같이 축배의 잔을 들어주시기 바랍니다.

感谢张会长大驾光临，祝张会长身体健康，事业发达！为了两家公司永远的友谊和发展，建议大家一起举杯。

건배사

대회의 성공적인 개최와 여러분의 건승을 위하여! 건배!

预祝大会圆满成功! 祝各位领导、各位来宾, 女士们、先生们、身体健康, 步步高升! 干杯!

모두 좋은 결실이 있기를 바라면서, 건배!

预祝各位喜得硕果, 满载而归! 干杯!

한·중 양국의 우의가 영원하길 바라며, 건배!

祝中韩友谊万古常青! 干杯!

단어 해설

착석 入席[rù xí]

식순 顺序[shùnxù]

인사말을 하다 致词[zhì cí]

기념품 증정 赠送纪念品[zèng sòng jìniànpǐn]

답례 答礼[dálǐ]

기념 촬영 拍纪念照[pāi jìniàn zhào]

건배를 제의하다 致祝酒词[zhì zhùjiǔ cí]

건승을 기원하다

祝身体健康, 步步高升![Zhù shēntǐ jiànkāng bùbùgāoshēng]

우정이 영원하다 友谊万古[Yǒuyì wàngǔ]

실전 품격 연회 진행 멘트

1. 이 자리를 빌어 저는 ○○를 대표하여 금번 대회의 성공적 개최를 위해 애써 주신 ○○○, 많은 도움을 주신 ○○○, 많은 협력을 해주신 ○○○께 깊은 감사를 드리며, 특히 오늘 연회에 참석해 주신 ○○○ 님의 지지와 관심에 깊은 감사를 드립니다.

2. 이어 ○○○께서 오늘 한국 측 내빈을 소개하는 시간을 갖도록 하겠습니다. ○○회사 ○○○ 님께서 와주셨습니다.

3. 계속하여 ○○○께서 먼 곳에서 오신 중국 측 인사분들을 소개해 주시겠습니다.

4. 이어서 ○○○ 님의 말씀이 있겠습니다.

5. 다음 순서로 회장님의 연설이 있겠습니다.

6. 좋은 말씀을 해주신 ○○○ 님께 감사 말씀 드립니다.

7. 색소폰 연주가 ○○○ 님을 모시도록 하겠습니다. 박수로 환영해 주시길 바랍니다.

8. 처음 들으실 곡은 'Going Home'입니다. 박수로 맞아 주시기를 바랍니다.

9. 이번에 들으실 노래 제목은 '친구'입니다.

10. 깊어 가는 만찬의 밤입니다.

11. 대접이 변변치 못하오나 저희 정성이 담긴 것이오니 마음껏 드시면서 양사 담당자 간에 안면을 익히고 우정을 나누는 기회가 되시기를 바랍니다. 오늘 이 자리가 성공적인 협업의 밑거름이 될 것을 기원하면서 우리 모두 건배합시다. 건배! 간빠이!

1. 在这美好的夜晚，请允许我代表○○感谢○○○为此次大会成功举办给予的大力支持！感谢○○○等给予的热情帮助！感谢○○○的友好合作，同时，要特别感谢应邀出席今天晚宴的○○○的积极支持和盛情关注！

2. 下面有请○○○来介绍一下出席今天晚宴的韩方来宾。第一位是○○公司○○○，请用掌声表示热烈欢迎！

3. 下面有请○○○来介绍一下远道而来出席今天晚宴的中方贵宾！

4. 接下来请○○○先生／女士讲话。

5. 欢迎我们的会长讲话。

6. 非常感谢○○○会长的讲话。

7. 下面请用热烈的掌声有请我们的萨克斯管演奏家〇〇〇先生/女士。

8. 第一首曲子是“回家”，请大家以热烈掌声表示欢迎。

9. 下面一首歌是“朋友”。

10. 请大家尽情享受美好的夜晚。

11. 今天略备薄宴，但这承载着我们的心意，请各位尽请享用。希望借此机会，两公司的负责人之间能相互增进了解，交流友情。祝愿今天的聚会能成为两公司成功合作的基础，大家一起干杯！干杯！

단어 해설

귀하, 당신, 임금, 제왕 大驾[dàjià]
큰 수확을(성과를) 거두고 돌아오다 满载而归[mǎnzài'érguī]
이어서 下面[xiàmiàn]
다음 순서로 接下来[jiēxiàlái]
색소폰 연주 萨克斯管演奏[sàkèsīguǎn yǎnzòu]
잔을 들고 건배하다 举起酒杯，一同干杯[jǔqǐ jiǔbēi, yī tóng gānbēi]
건배사를 하다 提祝酒词[tí zhùjiǔ cí]
우정을 나누다 交流友情[jiāolíu yǒuqíng]
대접이 변변치 못하다 略备薄宴[luè bèi báoyàn]

3 품격 중국어 명언

기본 학습

〉〉 아는 자는 좋아하는 자만 같지 못하고, 좋아하는 자는 즐기는 자만 같지 못하느니라.
知之者, 不如好之者, 好之者, 不如乐之者。—《论语 · 雍也》

〉〉 자신이 서고자 할 때 남부터 서게 하고, 자신이 뜻을 이루고 싶을 때 남부터 뜻을 이루게 하라.
己欲立而立人, 己欲达而达人。—《论语 · 雍也》

〉〉 더욱 멀리 보려면 더 높이 올라가야 한다.
欲穷千里目, 更上一层楼。—王之涣,《登鹳鹊楼》

〉〉 순간을 참고 한 발짝 뒤로 물러서 이 세상이 얼마나 평안하고 넓은지를 보라.
忍一时风平浪静, 退一步海阔天空。—清代民间创,《增广资文》

〉〉 뜻이 있는 사람은 이루지 못할 것이 없다.
有志者事竟成。—《后汉书 · 耿弇列传》

응용 학습 1

1. 백문이 불여일견이라.
2. 실질적인 것에 의거하여 사물의 진리를 찾는다.
3. 청출어람. 스승보다 제자가 뛰어나다.
4. 평안한 때에도 발생할 수 있는 위험을 생각하라. 생각하면 대비책이 생기고 대비해 두면 걱정이 사라진다.
5. 양이 달아난 뒤 우리를 고쳐도 늦지 않는다.
6. 심사숙고한 후에 행동으로 옮겨라.
7. 호랑이 굴에 들어가지 않고는 호랑이 새끼를 잡을 수 없다.
8. 이익이 되는 일이 있어도 의를 잊지 말라.
9. 좋은 약일수록 입에 쓰고, 충언은 귀에 거슬린다.
10. 백척간두에서 다시 한 발 내딛다. 즉 이미 도달한 탁월한 경지에 만족하지 않고 더욱더 노력하다.
11. 세 사람이 같이 길을 걸어가면 반드시 그중에 내 스승이 있다. 좋은 것은 본받고 나쁜 것은 살펴 스스로 고쳐야 한다.
12. 벗이 있어 멀리서 찾아오니 또한 즐겁지 아니한가!
13. 시간은 금이다.

1. 百闻不如一见。—《汉书 · 赵冲国传》

2. 实事求是。—《汉书 · 河间献王刘德传》

3. 青，取之于蓝而青于蓝。—《荀子 · 劝学》

4. 居安思危，思则有备，有备无患。—《左传 · 襄公十一年》

5. 亡羊而补牢，未为迟也。—《战国策 · 楚策》

6. 三思而后行。—《论语 · 公冶长》

7. 不入虎穴，不得虎子。—《后汉书 · 班超列传》

8. 见利思义。—《论语 · 宪问》

9. 忠言逆耳利于行，良药苦口利于病。—《增广贤文》

10. 百尺竿头，更进一步。—朱熹，《答巩仲至》

11. 三人行，必有我师焉，择其善者而从之，其不善者而改之。—《论语 · 述而》

12. 有朋自远方来，不亦乐乎？—《论语 · 学而》

13. 一寸光阴一寸金。—谚语

응용 학습 2

1. 아는 것을 안다고 하고, 모르는 것을 모른다고 하는 것이 바로 아는 것이다.

2. 반 보 반 보 쌓지 않으면 천리를 다다를 수 없고, 냇물이 모이지 않으면 강이나 바다를 이룰 수 없다.

3. 사람이 훗날을 걱정하지 않으면 필히 눈앞의 근심거리가 생길 것이다.

4. 서두르면 이루지 못하나니 작은 이익을 보려 하면 큰일을 이루지 못한다.

5. 화란 것은 복이 의지하는 바이고 복이란 것은 화가 잠복하는 곳이니, 누가 그 맨끝을 알 것인가?

6. 옥도 다듬지 않으면 그릇이 되지 않는다. 아무리 소질이 있어도 잘 닦고 기르지 않으면 훌륭한 것이 못된다.

7. 자기보다 학식과 지위가 못한 사람에게 묻는 것은 결코 부끄러운 일이 아니다.

8. 어버이가 인자하지 않으면 자식이 공경하지 않는다.

9. 군자의 사귐은 맑기가 물과 같고 소인의 사귐은 단술과 같다. 군자는 담담하니 더욱 가까이하고, 소인은 달콤하니 끊어야 한다.

10. 사람이 누가 허물이 없을까마는, 허물이 있어도 능히 고치면 이보다 더 착한 것이 없다.

11. 자신이 하고 싶지 않은 일을 다른 사람에게 강요하지 마라.

12. 자기 스스로를 사랑해야 남이 그를 사랑하고, 자기 스스로를 존중해야 남도 그를 존중한다.

1. 知之为知之，不知为不知，是知也。—《论语 · 为政》

2. 不积跬步，无以至千里；不积小流，无以成江海。—《荀子 · 劝学》

3. 人无远虑，必有近忧。—《论语 · 卫灵公》

4. 欲速则不达，见小利则大事不成。—《论语 · 子路》

5. 祸兮福之所倚，福兮祸之所伏。—《老子》

6. 玉不琢，不成器；人不学，不知道。—《礼记 · 学记》

7. 敏而好学，不耻下问。—《论语 · 公冶长》

8. 父不慈则子不孝。—颜之推，《颜氏家训 · 治家》

9. 君子之交淡若水，小人之交甘若醴。君子淡以亲，小人甘以绝。—《庄子 · 山木》

10. 人孰无过？过而能改，善莫大焉。—《左传 · 宣公二年》

11. 己所不欲，勿施于人。—《论语 · 颜渊》

12. 人必其自爱也，而后人爱诸；人必其自敬也，而后人敬诸。—杨雄，《法言 · 君子》

응용 학습 3

1. 있는 힘을 다하여 죽는 날까지 충성을 바친다.

2. 천길 둑도 개미 구멍으로 무너진다.

3. 책 만 권을 읽으면 신들린 듯이 글을 쓸 수 있다.

4. 배움에 싫증을 내지 않으면 가르치는 사람은 힘들지가 않다.

5. 공부를 하면서 생각하지 않으면 남는 게 없고, 생각은 하는데 공부를 하지 않으면 의문이 남는다.

6. 갓 태어난 송아지는 호랑이를 무서워하지 않는다. 즉 하룻강아지가 범 무서운 줄 모른다.

7. 두 사람이 마음을 합치면 쇠도 자를 수 있다. 단결된 힘은 매우 크다.

8. 약속한 것은 반드시 지키고, 시작한 일은 반드시 끝을 맺는다.

9. 선비는 뜻이 크고 의지가 강인해야 하니, 책임은 무겁고 갈 길은 멀다.

10. 막사 안에서 계책을 짜내 천 리 밖에서 승리를 결정지었다. 즉 지략이 매우 뛰어나다.

11. 다하면 변하고 변하면 통하며 통하면 지속된다. 즉 몹시 어려운 지경에 처하더라도 오히려 그런 데에서 살 길이 생긴다.

1. 鞠躬尽瘁，死而后已。—诸葛亮，《后出师表》

2. 千丈之堤，以蝼蚁之穴溃。—《韩非子 · 喻老》

3. 读书破万卷，下笔如有神。—杜甫，《奉赠韦左丞丈二十二韵》

4. 学而不厌，诲人不倦。—《论语 · 述而》

5. 学而不思则罔，思而不学则殆 —《论语 · 为政》

6. 初生之犊不惧虎。—罗贯中，《三国演义》

7. 二人同心，其利断金。—《周易 · 系辞上》

8. 言必信，行必果。—《论语 · 子路》

9. 士不可以不弘毅，任重而道远。—《论语 · 秦伯》

10. 运筹策帷帐之中，决胜于千里之外。—《史记 · 高祖本纪》

11. 穷则变，变则通，通则久。—《周易 · 系辞下》

응용 학습 4

1. 하늘을 원망하지 않고, 남을 탓하지 않는다.

2. 하늘은 반드시 쓰임이 있으므로 나를 태어나게 했다.

3. 배가 다리에 닿으면 뱃머리는 자연히 똑바르게 된다. 즉 일정 단계까지 노력하면 결국은 해결책이 있게 마련이다.

4. 뜻은 마땅히 높고 멀어야 한다. 즉 목표가 삶의 질을 결정한다.

5. 천하가 흥하고 망하는 데에는 한낱 필부에게도 책임이 있으니, 항상 천하의 일을 염려하고 구하여 바른 길 찾기를 게을리하지 말아야 한다.

6. 천하의 근심을 누구보다 먼저 걱정하고, 천하의 즐거움을 모든 사람이 즐긴 후에야 즐길 줄 아는 기개.

7. 소년은 늙기 쉽고 배우기는 어려우니 짧은 시간일지라도 헛되이 보내지 말라.

8. 하나의 승낙을 얻는 것은 천금을 얻는 것보다 낫다.

9. 하늘이 한 인간에게 큰 임무를 내리고자 하면 먼저 그 의지를 괴롭히고, 몸을 힘들게 하고, 배를 주리게 하며, 빈곤하게 만들어 하고자 하는 일을 그르치고 마음을 흔들어서 그 사람의 불가능을 가능하게 만들 것이다.

1. 不怨天，不尤人。—《论语 · 宪问》

2. 天生我材必有用。—李白，《将进酒》

3. 船到桥头自然直。—程树榛，《钢铁巨人》

4. 志当存高远。—诸葛亮，《诫外生书》

5. 天下兴亡，匹夫有责。—麦孟华，《论中国之存亡决定于今日》

6. 先天下之忧而忧，后天下之乐而乐。—范仲淹，《岳阳楼记》

7. 少年易老学难成，一寸光阴不可轻。—《朱子》

8. 一诺千金。—《史记·季布栾布列传》

9. 天将降大任于斯人也，必先苦其心志，劳其筋骨，饿其体肤，空乏其身，行拂乱其所为，所以动心忍性，增益其所不能。—《孟子·告子下》

Tip

중국어 명언 인용할 때

俗话说三人成虎，有时候传闻不可全信。

세 사람이 모이면 없던 호랑이도 만들어 낸다더니, 소문은 다 믿을 게 못 된다.

孔子说己所不欲，勿施于人。自己不愿意别人怎样对待自己，就不要那样对待别人。

공자께서 말씀하시기를, 자신이 하기 싫은 일은 다른 사람에게도 시키지 말라 했으니, 남이 자신에게 하지 않았으면 하는 일을 나도 남에게 하지 말아야 한다.

俗话说得好，车到山前必有路。

하늘이 무너져도 솟아날 구멍이 있다더니, 그 말이 딱 들어맞는다.

단어 해설

대비하다 有备[yǒu bèi]

충언 忠言[zhōngyán]

귀에 거슬리다 逆耳[nì ěr]

백척간두 百尺竿头[bǎichǐ gāntóu]

화/복 祸/福[hùo/fú]

군자/소인 君子/小人[jūnzǐ/xiǎorén]

다리 어귀, 다리목 桥头[qiáotóu]

일반 사람, 보통사람 匹夫[pǐfū]

세월, 시간 光阴[guāngyīn]

살과 뼈 筋骨[jīngǔ]

이 사람 斯人[sī rén]

부록 I

이동 시간 활용(2):
서울 소개

서울 소개

안전벨트 잘 매셨나요? 그럼 호텔로 출발하겠습니다. 도로가 막히지 않을 경우 50분 정도 소요됩니다. 이 시간을 이용하여 도로변의 주요 건물과 장소에 관해 소개해 드리겠습니다.

【인천공항】 여러분께서 좀 전에 도착하신 인천공항은 영종도와 용유도 사이의 바다를 매립하여 8년 4개월 간의 공사 기간을 거쳐 2001년 3월 문을 열었습니다. 8년 연속 국제공항협회로부터 "서비스 부문 세계 최고 공항"으로 선정되었고, 현재 한국 정부의 전폭적인 지지하에 아시아의 '허브 공항'으로 발돋움하고 있습니다.

【영종대교 · 인천대교】 바다를 가로질러 인천시와 영종도를 이어주는 다리 두 개를 보실 수 있는데요, 하나는 우리가 지금 지나온 영종대교이고, 다른 하나는 멀리 주행 방향 오른편으로 보이는 인천대교입니다. 인천의 랜드마크라 할 수 있는 이 두 대교 중, 영동대교는 총 길이가 4,420m인 복층 교량입니다. 인천대교의 총 길이 21km 중 바다를 가로지르는 18km 부분은 세계에서 5번째로 긴 것으로 기록되었습니다.

【공항고속철도】 왼편을 보시면 고속 열차가 달리는 모습을 볼 수 있는데요, 이는 공항과 서울 도심을 연결해 주는 고속철도입니다. 한 시간이면 공항에서 서울 도심으로 이동할 수 있고 직행 열차를 타게 될 경우 30분내에 도착할 수 있습니다. 서울 및 인천 지역의 지하철 노선과도 서로 연결되어 있어 공항 이용 승객의 편의를 돕고 있습니다. 한국에서 규모가 두 번째로 큰 인천 항과 동북아 지역에서도 규모가 가장 큰 인천공항, 그리고 사통팔달 고속도로망을 갖추고 있는 인천은 한국 3대 도시로서 교통 허브 역할을 톡톡히 해내고 있습니다.

【경인운하】 고속철도 옆에 보이는 운하는 서울과 인천 시를 연결해 주는 '경인운하'로 수도권 지역의 과밀 현상을 완화시키고 국토 균형

발전을 촉진하기 위해 건설되었습니다.

【인천 차이나타운】 인천에서 가장 유명한 곳을 든다면 차이나타운을 빼놓을 수 없죠. 1980년대부터 화교들이 이주, 정착하면서 인천은 자연스럽게 한국의 차이나타운으로 자리잡게 되었습니다. 지금도 제3, 제4대 화교들이 거주하며 중국의 전통문화와 풍습을 이어나가고 있습니다.

【자장면】 높은 인기를 반영하듯 중국 음식점은 한국 어디서나 쉽게 찾을 수 있습니다. 한국 사람이 가장 좋아하는 자장면은 인천으로 이주해 온 화교가 한국인의 입맛에 맞게 개량한 것으로 중국 자장면보다 좀 더 달고 향긋하여 남녀노소 누구나 좋아하는 음식입니다. 1960년대까지만 해도 특별한 날에나 먹을 수 있는 고급 음식이었던 자장면은 세월과 함께 맛과 가격 면에서 변화를 겪으며 오늘날 서민들의 추억 속 음식으로 자리잡았습니다.

【서울 명칭 변화】 이제 막 공항 톨게이트를 지나서 서울 근교에 들어왔습니다. 88서울올림픽을 기억하며 아직 '한성'이라고 아시는 분도 계신데요, 2005년부터 서울의 중국어 이름을 '한성'에서 '서울'로 바꾸어 부르고 있습니다. 한국어에서 '서울'은 '수도'라는 뜻을 가지고 있습니다. 뿐만 아니라 영어 · 불어 · 독일어 · 일어 · 스페인어 등 거의 모든 외국어에서 한국 수도의 발음은 모두 'SEOUL, 서울'입니다. '서울'의 한자[首尔]도 '천하제일도시'라는 뜻을 가지고 있습니다. 대부분의 나라에서 모두 'SEOUL'의 영문 음과 유사한 발음으로 서울을 표기하고 있고, 중국에서도 워싱턴 · 런던 · 모스크바 등 도시 명칭을 현지 발음대로 표기하는데 서울만 한성이라고 표기하는 점을 감안하여 1년간 의견 수렴을 거쳐 '서울'로 변경하기로 결정하였습니다.

【서울 개황】 수도 서울은 한국에서 가장 큰 도시이며 정치 · 경제 · 문화의 중심지입니다. 면적은 600여km²로 도시 규모는 홍콩 · 싱가포르와 비슷하지만 인구는 1,200여 만명으로 홍콩 · 싱가포르의 2배가

됩니다. 서울 근교에 위치한 10개 위성도시의 인구 1,000여만 명을 합치면 한국 인국의 거의 절반에 해당합니다. 중국의 '황허'와도 같은 대한민국의 젖줄 한강은 서울을 동서로 가로질러 흐르고 있는데 한강을 기준으로 강북·강남이라고 구분해 부릅니다. 2012년 전세계에 강남 열풍을 몰고 온 싸이의 '강남스타일'의 강남이 바로 이곳입니다.

【한강의 기적】 '한강의 기적'에 대해 다들 한번쯤 들어보셨을 텐데요. 중국 고위 인사들이 방문할 때마다 칭찬을 아끼지 않는 곳이 바로 지금 우리 앞에 보이는 한강입니다. 1950년 '6·25전쟁'으로 폐허가 된 한반도를 되살리기 위해 국민이 모두 한마음이 되어 최선을 다한 결과 기적과도 같은 경제성장을 이루게 되었습니다. 제2차 세계대전 후 서독이 이루어낸 눈부신 경제 성과를 '라인강의 기적'이라 부르는 데서 그 이름을 따와 '한강의 기적'이라 부르고 있습니다. 지금은 한강에 전체 31개의 다리가 있는데 야경이 아주 운치가 있습니다.

왼편을 보시면 한강 북쪽으로 구릉처럼 보이는 곳이 있는데요, 이곳이 월드컵공원이고 그 동쪽으로 2002년 월드컵 경기가 개최되었던 월드컵경기장이 있습니다. 월드컵공원은 도심 속 친환경 복원으로 유명한 청계천과 더불어 관광 명소로 주목받고 있습니다. 그 이유는 바로 모두가 기피하는 거대한 쓰레기 매립지를 "쓰레기산을 자손들에게 물려줄 수 없다"는 취지하에 친환경 기법을 동원하여 상부복토하고 수 년에 걸쳐 수목을 가꾸고 침출수 문제를 해결하여 열에너지를 공급하는 친환경 공간으로 거듭나게 했기 때문입니다.

【여의도】 왼편에 보이는 작은 섬 여의도는 한국에서 땅값이 가장 비싼 곳 중 하나입니다. MBC·KBS 등 방송국 본부와 국회의사당과 한국증권거래소, 63빌딩 그리고 한국에서 가장 높은 비즈니스 건물인 'IFC빌딩'이 그 요인일 겁니다.

【N서울타워】 오늘 날씨가 유난히 맑은 것을 보니 하늘도 여러분의 서울 방문을 환영하고 있는 듯합니다. 그럼 왼쪽 편 앞을 봐 주시기

바랍니다. 산꼭대기에 있는 높은 탑이 보이시죠? 남산 위에 세워진 N서울타워입니다. 높이가 236m인 이 탑은 서울의 랜드마크이자 대표 관광지로서 외국 관광객들이 꼭 찾는 명소입니다. 그곳은 전망대, 박물관, 화장품 브랜드 매장, 기념품점 등의 편의 시설을 갖추고 있는 복합 문화 공간이기도 합니다.

N서울타워에서 내려다보면 아름다운 서울이 눈앞에 펼쳐집니다. 특히 꼭대기 전망대에서 보는 야경은 눈부시게 아름답고 황홀합니다. 탑 꼭대기에서는 360도 전망이 가능하며 화장실에서도 높고 긴 창문을 통해 서울을 내려다볼 수 있습니다.

【청계천】 여기에서는 보이지 않지만 또 하나의 대표적인 명소가 있어 소개해 드릴까 합니다. 바로 조선왕조 500년 역사를 보여주는 청계천입니다. 600년 서울 역사를 품고 있는 청계천은 조선왕조 시기의 한양, 일제 점령 시기의 경성 및 현재의 서울을 함께해 왔습니다.

청계천은 원래 북악산에서 발원하는 자연 천입니다. 조선시대에는 비가 올 때마다 범람하여 주민들로부터 원성이 자자했습니다. 그리하여 역대 조선 국왕들은 청계천 치수를 주요 과제로 삼았을 정도였습니다. 1970년에 이르러 서울 시는 콘크리트로 청계천을 복개하고 그 위에 고가도로와 고속도로를 세워 한국 경제의 고속 발전을 상징하는 대표 기반 시설로 삼았습니다. 2000년에 이르면서부터 예전에 사람들의 감탄을 자아내던 청계천 고가도로는 주요 도로로서의 순기능을 잃고 도시 미관을 해치게 됩니다. 이명박 전 대통령이 서울시장으로 재직할 당시 '청계천 복원 공사'를 시작하여 청계천을 덮고 있던 콘크리트를 전부 철거하고 원래대로 복원하였습니다. 그리하여 청계천은 오늘날 서울 도심의 아름다운 명소로 자리잡게 되었습니다.

서에서 동으로 서울 중심부를 관통하여 흐르는 청계천 전체 길이는 5.8km로 보행시 왕복 3시간 반 정도 소요됩니다. 청계천을 따라 걷다 보면 마천루와 역사가 깃든 고교(古桥)를 동시에 볼 수 있습니다. 뿐만 아니라 소망의 벽, 문화의 벽, 터널 분수 등 조형물들도 볼 수 있고 정기적으로 열리는 등불 축제도 즐길 수 있습니다. 주변에는 오래된 원조 맛집들도 많고, 밤이면 연인, 친구들이 함께

산책을 하고, 맑은 물길을 감상하며 신나게 뛰노는 아이들의 모습도 볼 수 있어 매우 낭만적입니다.

【조선 왕궁】 그럼 계속해서 조선 왕궁의 역사에 대해 좀 알아볼까요? 조선 태조 이성계는 즉위 이후 1394년에 도성을 서울로 이전합니다. 경복궁은 조선 왕조의 첫 번째 정궁으로 이후에 창덕궁, 창경궁, 덕수궁, 경희궁을 짓습니다.

500년 조선 왕조의 정궁인 경복궁은 서울에 있는 5대 궁전 중 가장 큰 궁궐이기도 합니다. 경복궁의 이름은 시경의 "이미 술에 취하고 이미 덕에 배부르니 군자만년 그대의 큰 복을 도우리라"에서 따온 것이며 경복궁의 '경회루'는 조선시대 궁궐 정원의 모습을 잘 보여주고 있어 "한국에서 가장 아름다운 누각"으로 평가받고 있습니다.

창덕궁은 경복궁의 동쪽에 있어 '동궐'이라고도 부릅니다. 조선 왕조 5대 궁궐 중 유일하게 유네스코에 기록된 문화유산입니다. 창덕궁은 조선 왕궁 중에 가장 보전이 잘 되어 있는 건축물일 뿐만 아니라 궁궐과 자연이 잘 어우러져 있습니다. 건축 구도는 타 궁궐과 다르게 대칭적 미와 기하학적 미를 추구하지 않고 최대한 자연 지형을 그대로 이용하여 독특한 품격의 궁궐을 표현해 냈습니다.

멀리서 찾아오는 국내외 관광객들의 편의를 위해 서울시는 한 달 안에 경복궁, 창덕궁, 창경궁, 덕수궁 및 종묘 5대 궁궐을 만 원에 둘러볼 수 있는 통합 관람권을 내놓았습니다.

자, 이제 호텔에 도착하였습니다. 이쪽으로 내리시기 바랍니다.

接机路上介绍首尔

您系好安全带了吗？现在出发前往酒店。不塞车的话，我们的车程大概在50分左右。利用这个时间我要向您介绍一下路上将看到的主要建筑和景观。

【仁川机场】刚才您到达的机场是仁川机场，仁川机场是将永宗岛和龙游岛之间的海域填埋成陆地后，经8年4个月兴建完工的，于2001年3月开始投入运营。仁川机场已连续八年被国际机场协会评为“全球服务最佳机场”，韩国政府计划把这里打造成东北亚的“枢纽机场”。

【永宗大桥、仁川大桥】现在有两座跨海大桥连接仁川市区和永宗岛，一座是我们正在驶过的永宗大桥，另外一座是大家在车行方向右侧可以远眺的仁川大桥。这两座大桥都属于仁川的地标性建筑，永宗大桥总长4420米，是一座双层大桥。仁川大桥全长21公里，跨海部分达18公里，是世界上第五长的跨海大桥。

【机场高铁】我们在车行方向左侧可以看到高速列车运行，这是机场至首尔市中心的高速铁路，乘坐高速列车可以在一小时内从仁川机场到达首尔市区，若乘坐直通列车，30分钟便可从仁川机场直达首尔市中心的火车站，而且机场高铁还与多条首尔及仁川地铁线路相连接，往返机场非常方便。作为韩国的第三大城市，仁川可以说是韩国的交通枢纽，仁川既有韩国第二大港口，也有在韩国乃至东北亚地区规模最大的仁川机场，同时又具备四通八达的高速公路网。

【京仁运河】在高铁列车轨道外侧，我们还可以看到一条运河，这是连接首尔与仁川的“京仁运河”。它是为了达到京仁运河缓解首都圈过于密集的现状，也为了达到国土均衡发展的目的而建设的。

【仁川唐人街】一提到仁川，最有名的当属唐人街了。韩国的华侨大部分是从19世纪80年代开始陆续来到仁川的，仁川渐渐成为韩国华侨的聚居地，现在仍有一大批第三代、第四代华侨在此守护着中国的传统文化和习俗。

【炸酱面】在韩国，中华料理家喻户晓，随处都可以找到一家中华料理店，炸酱面是韩国人最喜欢吃的中华料理。韩国的炸酱面跟中国的不一样，韩国华侨来到仁川后，为了迎合韩国人的口味稍作了些改良，韩国的炸酱面又香又甜，老少皆宜。到了上世纪60年代，炸酱面在韩国还属于高级料理，但随着时间的流逝，价格和味道逐渐发生变化，炸酱面已成为勾起人们回忆的餐点。

【首尔名称之变化】现在我们经过机场高速公路收费站，进入首尔近郊。很多外国人对1988年汉城奥运会记忆犹新，还是习惯性地称首尔为“汉城”，但是从2005开始汉语名称已改为“首尔”。其实，在韩语中首尔就是首都的意思，而且在英语、法语、德语、日语、西班牙语等几乎所有的外语中韩国首都的发音都是“SEOUL，首尔”，首尔的汉字也带有“天下第一城”的意义。韩国政府声考虑到大多数国家将“SEOUL”按照与英文标记相似的发音来称呼，汉语中的华盛顿、伦敦、莫斯科也都是根据这些地名的固有发音来标记的，只有汉城的中文名称一直沿用古代名称“汉城”，经过一年多的意见征求，确定用新的中文名称“首尔”取代“汉城”。

【首尔概况】韩国首都首尔是韩国最大的城市，也是韩国政治、经济、文化中心。首尔的面积大约600多平方公里，城市规模与香港、新加坡差不多，但人口为1200多万，比香港、新加坡多出近两倍。首尔周边有十个卫星城市，共有1000多万居民，在韩国人口中有将近50%的人生活在首尔及其周边城市。韩国最长的河流——汉江由东向西横穿首尔，汉江是韩国的母亲河，相当于中国的黄河。汉江以北叫“江北”，是首尔老城，汉江以南地区叫“江南”，2012年全球最红的歌手“PSY，鸟叔”在“江南Style”歌里唱到的就是这个地方。

【汉江奇迹】想必您也听说过“汉江奇迹”吧？每次中国国家领导访韩，都要对此赞不绝口，我们看到的这条河就是汉江。1950年6月25日爆发的“朝鲜战争”使得朝鲜半岛变成了一堆废墟。为了重建国土，国家和人民齐心协力成就了今天奇迹般的经济发荣。"汉江奇迹"这个名词是从那个曾在在二次世界大战结束后，经济迅速发展起来的西德的"莱茵河奇迹"这一词借鉴而来的。河上一共有31座桥，夜景非常优美。

请看左手边，汉江北边的那像丘陵一样的地方是世界杯公园。它的东侧是举行过2002年世界杯足球赛的世界杯体育场。它跟都市绿色复工程"首尔清溪川"一起是环保旅游景点。为什么说世界杯公园是环保性质的公园呢？因为它原先是一座人人嫌弃的巨大的垃圾山，为了"不能把垃圾山留给子孙"采取了环保措施。填埋新土，年复一年地在山上植树，解决了垃圾渗水问题，并建造了热力供应站，成为了以环保为主题的公园。

【汝矣岛】左边看到的是一个小岛，叫汝矣岛。汝矣岛是全韩国地价最高的地方之一，因为MBC和KBS的总部、韩国的国会议事堂、韩国证券交易所，63大厦及韩国最高的商务大厦「IFC大厦」都在这座岛上。

【N首尔塔】今天天气格外晴朗，好象整个首尔都在欢迎各位的到来。请大家往左前方望去，是不是能看到山顶上有座高塔？那是建在南山山顶上的N首尔塔，塔高236m，是首尔的地标性建筑，也是首尔的代表性景点，因此也是外国游客必到的旅游景点。塔内设有展望台、餐厅、博物馆、化妆品专卖店、纪念品商店等设施，是一处复合性文化空间。

登上N首尔塔在塔顶俯视，首尔的美景尽收眼底，尤其是在塔顶展望台观看到的夜景，异常绚丽多彩，令人迷醉。塔顶上可360度俯瞰首尔市，连在洗手间里也能通过大落地窗欣赏到首尔美景。

【清溪川】虽然我们现在这里是看不到，不过还有一个代表性的景点要向各位介绍一下，它是一条印证朝鲜王国500年发展历史的河流——清溪川。它不仅见证了首尔市600年的历程，还经历了朝鲜王朝时期的汉阳、日据时期的京城、以及现在的首尔。

清溪川原本是一条发源于北岳山的自然河川，在朝鲜时代每逢雨季，清溪川经常泛滥成灾，令居民叫苦不迭，因此历届朝鲜国王把整治清溪川作为重要的课题。到了1970年代，首尔市政府用混凝土覆盖了整个清溪川，在上面修建了高架桥和高速公路，成了象征韩国经济高速腾飞的标志性的基础设施。步入2000年之后，昔日令人赞叹不已的清溪川高架桥失去了交通要道的机能，影响城市美观。前任总统李明博任首尔市长的时候，启动了“清溪川复原工程”，把清溪川上的混凝土高架桥全部拆掉，使清溪川恢复原貌，最终成为首尔市中心的一道亮丽的风景。

清溪川自西向东贯穿首尔市中心，全长约5.8公里，步行往返约需3个半小时。步行清溪川，您可以同时欣赏摩天大楼和历史古桥，还有希望墙、文化壁、隧道喷泉等造型物。还可欣赏定期举行的灯会展，周围也有很多历史悠久的老字号餐厅，晚上的时候可以跟情人、朋友在这里散散步，欣赏清溪流淌，看孩子们玩耍，感受浪漫的气息。

【朝鲜王宫】那么，现在让我们一起了解一下朝鲜王宫的历史怎么样？朝鲜的开国大王李成桂登基后，1394年迁都到今日的首尔。景福宫是朝鲜王朝的第一座正宫，随后陆续建成了昌德宫、昌庆宫、德寿宫、庆熙宫等。

景福宫是500年前朝鲜王朝的正宫，也是首尔五大宫之中最大的宫殿。景福宫的名称取自《诗经》中的“既醉以酒、既饱以德、君子万年、介尔景福”。景福宫的“庆会楼”呈现出了朝鲜时期宫廷庭院的风范，被誉为“韩国最美的阁楼”。

昌德宫位于景福宫的东侧，故称“东阙”，也是朝鲜王朝的五大宫殿中唯一被载入联合国教科文组织世界遗产名录的王宫。昌德宫不仅是朝鲜王宫中维护最完善的建筑群，而且宫阙又能和周围景观自然和谐相融。它的建筑布局有别于其他传统王宫，没有对称性与几何性，而最大限度地利用自然地形修建了独具一格的王宫。

为了方便慕名而来的海内外游客，现首尔市实行观览通票，买一张10000韩元通票便可畅游景福宫、昌德宫、昌庆宫、德寿宫、宗庙等五处景点，有效期为一个月。

酒店到了。请大家这边下。

단어 해설

허브 공항 枢纽机场[shūniǔ jīchǎng]

랜드마크 地标性建筑[dìbiāoxìng jiànzhù]

널리 알려져 있다 家喻户晓[jiā yù hù xiǎo]

~의 입맛에 맞게 迎合~的口味[yínghé ~de kǒuwèi]

한강의 기적 汉江奇迹[hànjiāng qí jì]

한눈에 들어오다 尽收眼底[jìn shōu yǎn dǐ]

내려다보다 俯瞰[fǔ kàn]

홍수가 범람하여 수해를 입다 泛滥成灾[fàn làn chéng zāi]

찬탄해 마지 않다 赞叹不已[zàn tàn bù yǐ]

끝없이 어려움을 호소하다 叫苦不迭[jiào kǔ bù dié]

마천루 摩天大楼[mótiān dàlóu]

원조 맛집 老字号[lǎo zì hào]

건축 구도 建筑布局[Jiànzhù bùjú]

명성을 흠모하여 찾아오다 慕名而来[mù míng ér lái]

부록 II
실전 프리젠테이션

韩国石化产业的竞争力和未来前景

高品位
高品位证券公司韩国市场调研部负责人

첫인사, 주제 소개 등의 효과적인 서론

여러분, 안녕하십니까? 저는 방금 소개받은 고품격증권 코리아리서치센터장 고품격입니다.

먼저 자리에 함께해 주신 여러분께 진심으로 감사의 말씀을 드립니다.

저는 오늘 한국 석유화학 산업의 경쟁력과 미래라는 주제로 발표를 하겠습니다.

오늘 PT는 한국 석유화학 산업의 발전 추이를 살펴보는 것으로 시작해서, 석유화학 산업의 한국 국가 경제에서의 비중을 분석해 보고, 내수 시장이 성장 한계에 달한 우리 석유화학 산업의 해결책을 짚어 보는 것으로 마무리하도록 하겠습니다.

오늘 PT는 약 30분 가량 진행될 것입니다.

제가 발표하는 중에 궁금한 점이 생기면 언제든 질문해 주세요.

大家好？ 刚才也介绍过我了，我是高品位证券公司韩国市场调研部负责人，叫高品位。

首先，向今天在座的各位表示衷心的感谢!

今天我就“韩国石化产业的竞争力和未来前景”这一主题进行发表。

今天的发表先从韩国石化产业发展走向开始，然后分析其在韩国国家经济中所占比重，最后探索在目前韩国内需市场已达饱和状态的情况下，解决韩国石化产业所面临问题的方案。

今天的发表将进行30分钟左右。

在我发表的时候，如有什么疑问，请随时提出。

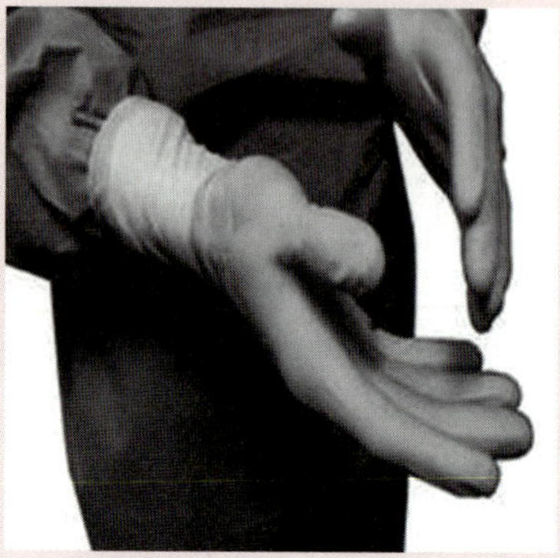

청중의 관심 사로잡기

우리 일상에서 석유화학 제품이 사라졌다고 가정을 해보죠. 어떤 상황이 벌어질까요? 아마 매우 불편해지겠죠. 가볍고 편리한 플라스틱 제품이 없어진다면 삶이 좀 불편해질 겁니다. 하지만 불편한 데서만 그치지는 않을 겁니다.

위의 사진을 보시죠. 어떤 생각이 드시나요? 의료용 장갑마저도 고도의 석유화학 기술의 산물이라는 사실, 알고 계셨나요?

이렇게 우리 삶과 밀접한 석유화학은 산업으로서도 중요한 역할을 톡톡히 해내고 있습니다.

새로운 내용으로 연결하기

그럼 이어서 한국 석유화학 산업의 발전 추이를 살펴보도록 하겠습니다.

假如在我们的日常生活中石化产品完全消失，将会发生什么事情呢？我们可能会觉得非常不便，倘若又轻又方便的塑料产品都消失了，将使我们的生活面临诸多不便。且不止于此。

请看一下照片，您想到了什么？各位了不了解连医用手套也是高端石化技术的产物？

石化产业不仅与我们的生活息息相关，而且在产业界也发挥着至关重要的作用。

接下来让我们了解一下韩国石化产业的发展趋势。

韩国石化产业的发展趋势

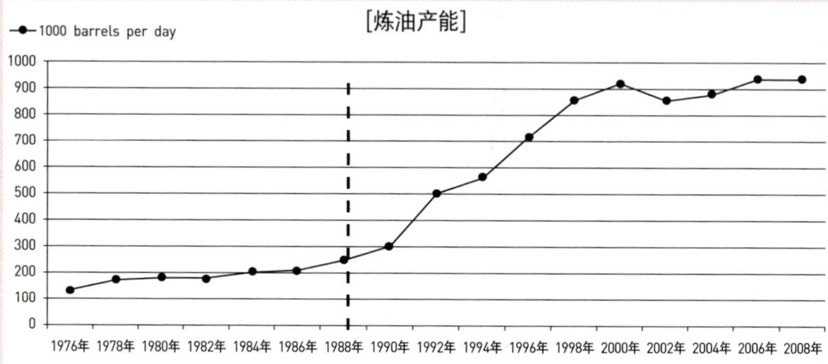

한국 석유화학 산업은 70년대부터 정부 주도의 투자 촉진으로 인해 수출 주력 산업으로 성장해 왔습니다.

표를 보시면 이 그래프는 정유 생산 능력을 보여주는데요, 가로 축은 연도, 세로 축은 정유 생산 능력을 나타냅니다. 88올림픽 개최를 기점으로 급성장하는 양상을 볼 수 있습니다.

새로운 내용으로 연결하기

그렇다면 국가 경제에서의 비중은 어느 정도일까요?

韩国石化产业从20世纪70年代起得益于政府主导型投资，发展成为了出口支柱产业。

请看一下图表，该图表显示的是炼油产能，横轴表示年度，纵轴显示炼油产能，以1988年奥运会为起点呈急剧增长态势。

那么石化产业在国家经济中占据什么样的比重呢？

在国家经济中所占比重

국가 경제에서의 비중도 산업의 성장 속도만큼이나 주목할 만합니다.

이 막대그래프는 전체 수출 대비 석유화학 제품 수출 비중을 나타내는 것으로, 가로 축은 연도, 세로 축은 비중을 보여주고 있습니다.

2008년 기준으로 정유 및 석유화학 부문의 수출 총액은 697억 달러로 당시 총 수출 총액의 16.5%를 차지한 바 있습니다. 게다가 2000년대 들어 유가가 대폭 상승하면서 원료를 100% 해외 의존하고 있는 석유화학 산업에 있어 재고 전략 및 환율이 이익의 주요 변동 요인이 되고 있습니다.

石化产业在国家经济中所占比重，如同产业增长速度，皆值得关注。

该条形图显示在总体出口总额中石化产品出口所占的比重，横轴表示年度，纵轴显示石化产品出口总额所占的比重。

以2008年为例，炼油及石化部门的出口总额达697亿美元，占该年度出口总额的16.5%。且进入2000年后油价大幅上涨，因石化产业的原料100%依靠进口，故库存战略及汇率成为产业收益变动的主要因素。

各国石化产能的变化趋势

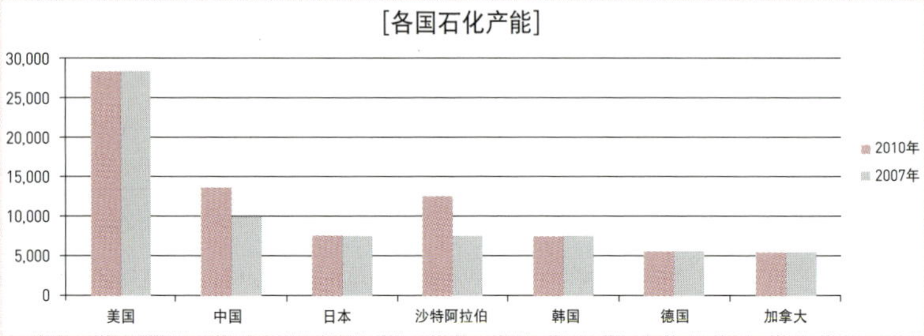

발표 중간에 내용을 정리

지금까지 한국 경제에서 차지하는 석유화학 산업의 가치를 살펴봤습니다. 그렇다면 세계 석유화학 시장에서 각국의 경쟁력은 어떠한지 살펴보도록 하겠습니다.

그래프 소개 및 설명

이 그래프는 2007년에서 2010년간 각국의 석유화학 생산 능력의 변화 추이를 보여주고 있습니다. 갈색, 회색 막대는 각각 2007년, 2010년 석유화학 생산 능력을 나타내고 있는데요,

메시지 전달

여기서 주목할 만한 것은 2010년 세계 3강에 진입한 중국과 사우디아라비아입니다. 이 두 나라는 최근 설비 증설에 박차를 가하며 석유화학 시장의 최대 변수로 떠오르고 있습니다.

以上我们了解到了石化产业在韩国经济中的比重。
接下来我们了解一下在世界石化市场中各国竞争力的现状。

这一图显示了自2007年到2010年各国石化产能的变化趋势。
棕色及灰色数据分别显示2007年与2010年石化产能。

在此值得关注的是中国和沙特阿拉伯在2010年进入了世界三强。
上述两个国家最近加大设备投资，成为石化市场的最大变数。

从人均塑料消费量来看，韩国的内需市场已呈现饱和状态

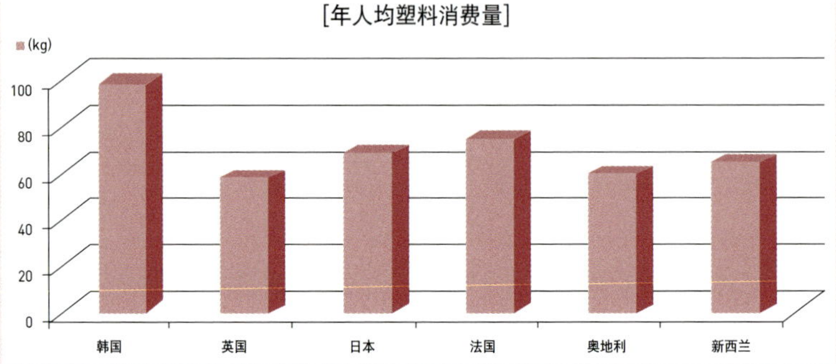

표를 보시면 아시겠지만 1인당 플라스틱 수요 측면에서 한국의 내수 시장은 이미 포화 상태여서 수출 시장 개척이 시급한 상황입니다.

바로 앞의 표에서 보았듯이 범용 수지는 경쟁국이 설비 확대로 선점하고 있는 만큼 한국은 차별화 전략을 강화해 나갈 필요가 있습니다.

如图所示，从人均塑料消费量来看，韩国的内需市场已呈现饱和状态，急需开拓海外市场。

如前一图所示，各竞争国靠加大设备投资，已抢占通用树脂市场，因此韩国有必要采取强化产品特色的战略。

对华出口市场分析：维持对华贸易顺差的扩大

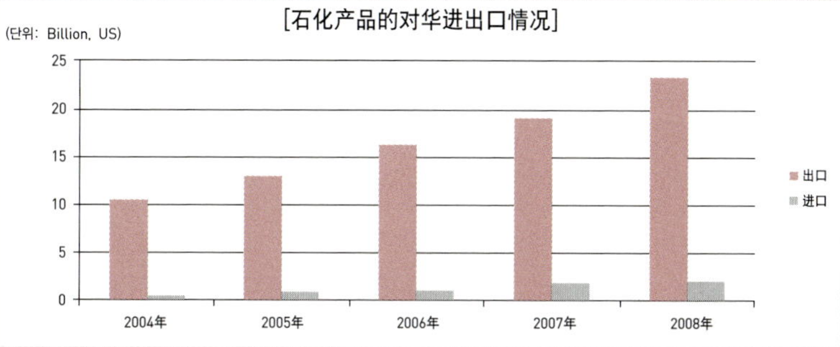

이어 대중국 석유화학제품 수출입 상황을 살펴보도록 하겠습니다. 회색 막대와 갈색 막대는 각각 수출과 수입을 나타냅니다.

표를 보시면 대중국 수출이 수입보다 월등히 앞서는 걸 알 수 있습니다.

범용수지보다 정밀화학 분야에서 두각을 나타내는 차별화 전략의 공로가 크다고 하겠습니다. 특히 한국은 후방에 강한 IT산업 인프라를 갖추고 있어 소재 부문의 경쟁력을 확대한다면 성장 가능성은 배가될 것으로 판단됩니다.

接着看石化产品的对华进出口情况，灰色及棕色数据分别显示出口与进口。

如图所示，韩国对华的出口额高于进口额。

这很大程度上得益于韩国不是在通用树脂领域，而是在精制化学领域采取了能够脱颖而出的产品特色化战略。尤其因韩国具备完善的信息科技产业基础设施，若提高材料领域竞争力，其产业增长速度将呈现加倍增长态势。

Q&A

결론 부분임을 안내

이렇게 해서 제 프리젠테이션을 마칠 시간이 되었습니다.

주요 내용 요약 및 제안하기 & 감사 인사

요점을 정리하면서 마칠까 합니다.

정부 주도로 급성장한 한국 석유화학 산업은 이제 국제시장에서 IT 산업 인프라를 충분히 활용한 차별화 전략을 강화해 소재 부문의 경쟁력을 확대해 나가야 합니다.

경청해 주셔서 감사합니다.

질문받기

지금부터 질문을 받도록 하겠습니다.

就此我的发表快要结束了。

在结束之前，我想再次总结一下要点。

韩国石化产业依靠政府主导型投资战略，实现高速量的增长。以后韩国需充分利用信息科技产业基础设施，强化在国际市场上产品特色化战略，以提高材料领域的竞争力。

感谢各位的聆听。

下面是答疑时间。

단어 해설

증권 证券[zhèngquàn]

리서치 부문 调研部[diàoyánbù]

짚어 보다 分析[fēnxī]/探索[tànsuǒ]

그의 (그녀의, 그것의) 其[qí]

(시장이 성장) 한계에 달하다 达饱和状态[dá bǎohé zhuàngtài]

석유화학제품 石化产品[shíhuà chǎnpǐn]

플라스틱 塑料[sùliào]

의료용 장갑 医用手套[yīyòng shǒutào]

역할하다 发挥作用/扮演角色[fāhuī zuòyòng/bànyǎn juésè]

발전 추이 发展趋势[fāzhǎn qūshì]

정부 주도의 투자 政府主导型投资[zhèngfǔ zhǔdǎoxíng tóuzī]

수출 주력 산업 出口支柱产业[chūkǒu zhīzhù chǎnyè]

정유 炼油[liànyóu]

88올림픽 1988年奥运会[1988nián àoyùnhuì]

그래프 图表[túbiǎo]

국가 경제 国家经济[guójiā jīngjì]

비중 比重[bǐzhòng]

막대그래프 条形图[tiáoxíngtú]

수입에 의존 依靠进口[yīkào jìnkǒu]

재고 전략 库存战略[kùcún zhànluè]

환율 汇率[huìlǜ]

지금까지 以上[yǐshàng]

경쟁력 竞争力[jìngzhēnglì]

주목할 만하다 值得关注[zhídé guānzhù]

세계 3강에 진입하다
　进入世界三强/排名世界前三位

[jìnrù shìjiè sān qiáng/pái míng shìjiè qián sān wèi]

설비 증설 加大设备投资[jiādà shèbèi tóuzī]

시장 개척 开拓市场[kāituò shìchǎng]

선점하다 抢占[qiǎngzhàn]

범용 수지 通用树脂[tōngyòng shùzhī]

차별화 전략 产品特色化战略[chǎnpǐn tèsèhuà zhànluè]

표를 보시면 如图所示[rú tú suǒ shì]

대중국 수출 对华出口[duì huá chūkǒu]

두각을 나타내다 脱颖而出[tuōyǐng ér chū]

인프라 基础设施[jīchǔ shèshī]

경쟁력 竞争力[jìngzhēng lì]

이렇게 해서 就此[jiù cǐ]

정리하다 总结[zǒng jié]

양적 성장 量的增长[liàng de zēngzhǎng]

산업 인프라 产业基础设施[chǎnyè jīchǔ shèshī]

소재 材料[cáiliào]

三国演义

发表人：尹琇祯

안녕하십니까?
프리젠테이션에 참석해 주신 여러분, 진심으로 감사드립니다.

먼저 간단히 제 소개를 하도록 하겠습니다. 저는 이대 통역대학원 2학년 윤수정입니다.

오늘 저는 『삼국지』를 주제로 발표하겠습니다.

大家好! 非常感谢各位来出席今天的主题发表会。

首先简单做一下自我介绍，我是梨花女子大学翻译研究生院二年级学生，叫尹琇祯。

今天我发表的主题是《三国演义》。

目录

1. 导入
2. 基本信息
3. 主要人物
4. 有关名言
5. 作品意义
6. 结论

우선 『삼국지』와 관련하여 여러분께 간단한 질문을 던지도록 하겠습니다. 이어서 소설 배경 등 『삼국지』 관련 기본 사항에 대해 간략히 소개하고, 소설 속 핵심 인물을 분석한 후, 『삼국지』에서 파생된 명언을 함께 살펴보고, 『삼국지』의 의의를 짚어본 후 마지막으로 최종 정리를 하면서 마무리하도록 하겠습니다.

발표는 10분 정도 진행될 것이며, 발표 중간에라도 질문이 있으시면 언제든지 질문해 주시기 바랍니다.

首先我会问大家一个有关《三国演义》的简单问题。接着介绍和分析《三国演义》故事背景等概况和核心人物。再一起来看看《三国演义》衍生出的名言名句，三国演义的意义。最后，总结上述内容来结束今天的发表。

今天的发表将进行10分钟左右。在发表时，如果有疑问，请随时提出。

导入	信息	人物	名言	意义	结论

有没有读过《三国演义》?

中国的四大名著:

西游记
水浒传
红楼梦
三国演义 – 关羽, 曹操, 赤壁

먼저 여러분께 한 가지 질문을 던지겠습니다. 중국의 4대 명저에 어떤 것이 있는지 아시나요? 『삼국지』를 읽어 보신 분 계신가요?

중국의 4대 명저에는 『서유기』, 『수호전』, 『홍루몽』 그리고 『삼국지』가 있습니다. 다들 유비·조조·제갈량 등 『삼국지』 등장 인물들에 대해서 많이 들어 보셨을 겁니다. "호랑이도 제 말 하면 온다"는 말은 중국 속담으로 "조조를 말하니까 조조가 왔다"와 같이 삼국지에서 파생된 명언만해도 수백 개에 달합니다. 뿐만 아니라 현재 중국 사천의 약칭인 촉/천(蜀/川)도 삼국시대의 사천이 촉국인 데서 유래한 것입니다. 이로써 『삼국지』가 중국 문화에 끼친 영향이 얼마나 깊은지 충분히 알 수 있습니다.

『삼국지』는 지금도 소설·만화·게임 등 다양한 형식으로 문화 컨텐츠를 풍요롭게 하고 있습니다. 그러나 『삼국지』의 내용이 너무 방대해서 중도에 읽기를 포기하는 사람들이 많아 안타까운 마음에 『삼국지』의 심오한 재미를 알리고자 오늘 이 주제로 발표를 하게 되었습니다.

首先，问大家一个简单的问题。大家知道中国的四大名著都有哪些吗？哪位读过《三国演义》？

对，中国的四大名著是《西游记》、《水浒传》、《红楼梦》和《三国演义》。说起《三国演义》，大家肯定对刘备、曹操、诸葛亮等人物已经耳熟能详了。而且像等同于韩国“说老虎老虎到”这句俗语的中国俗语——“说曹操曹操就到”等，从该作品衍生出来的名言名句就达数百个。而且现在四川的简称“蜀/川”，也因四川是三国时代的“蜀国”。种种事实告诉我们《三国演义》对中国文化影响有多深远。

如今《三国演义》仍以小说、漫画、游戏等素材，以多种形式丰富着文化内容。可惜很多人因《三国演义》篇幅过长，而中途放弃，未能读完，我选择这一主题进行发表，是想和大家一起探寻《三国演义》深奥的思想内涵。

导入	信息	人物	名言	意义	结论

《三国演义》
作者：罗贯中
成书时间：元末明初

罗贯中(约1330年–1400年)
著名的小说家
中国章回小说的鼻祖，代表作品《三国演义》

그럼 먼저 (이어서) 간단히 작품의 기본적인 내용과 배경을 소개하도록 하겠습니다.

『삼국지』 작가 나관중은 원말 명초의 소설가로, 『삼국지』를 통해 중국 소설 발전사의 새로운 페이지를 열었다고 평가받고 있습니다.

那么，接下来简单介绍《三国演义》的故事背景和内容。

《三国演义》的作者罗贯中是元末明初着名小说家，被后人评价为揭开了中国小说发展史的新篇章。

导入	信息	人物	名言	意义	结论

小说背景

三国是继东汉而出现的时代称号，由于魏、蜀、吴三个国家鼎力而得名。

小说内容

东汉末年，宦官专权，黄巾之乱，群雄逐鹿中原。

经过一系列激烈的计谋，武力、人心的争斗，最终如诸葛亮所说，形成了三分天下的局势：东汉后裔刘备所建的蜀、江东霸主孙权所建的吴、挟天子以令诸候的曹操所建的魏。

然而争斗并没有停止，魏蜀吴三方企图消灭其他两方，统一天下。

동한 말년, 환관의 권력 독점으로 수많은 영웅호걸들은 중원의 패권을 두고 쟁탈전을 벌이게 됩니다. 이 과정에서 음모와 지략, 쟁투와 죽음, 암투를 거치며 결국 '엎드린 용' 제갈량의 예언대로 천하는 동한의 후예 유비가 세운 촉나라, 강동의 패왕 손권이 세운 오나라, 그리고 '천자를 끼고 제후들을 호령'하는 조조가 세운 위나라로 나뉘게 됩니다.

하지만 전쟁은 끊이지 않고 위·촉·오 세 나라는 여전히 자신의 세력을 지키는 동시에 다른 두 나라를 멸하고 천하통일을 이루려고 합니다. 난세에 영웅이 나왔지만, 그들은 역사 속으로 사라지고 옳고, 그름, 성공과 실패 또한 사라지고 공허만이 남게 되지만 감동적인 영웅의 흔적은 후대 사람들의 기억에 남아 있습니다.

东汉末年，宦官专权，群雄逐鹿中原。经过一系列激烈的权术，计谋，武力、人心的争斗，最终如卧龙诸葛亮所说，形成了三分天下，三足鼎立的局势：东汉后裔刘备所建的蜀、江东霸主孙权所建的吴和挟天子以令诸侯的曹操所建的魏。

然而争斗并没有停止，魏蜀吴三方仍在在保存自己实力的同时企图消灭其他两方，统一天下。乱世出英雄，而英雄最终被浪花淘尽，是非成败转头空。只留下了那些可歌可泣的英雄事迹为后人凭吊。

导入	信息	人物	名言	意义	结论

蜀
⬇
刘备
关羽　张飞　诸葛亮　赵云

天下

魏
⬇
曹操
荀彧　司马懿　郭嘉　夏侯惇

吴
⬇
孙权
周瑜　鲁肃　陆逊

다음은 소설 속 인물들을 살펴보도록 하겠습니다.

조조는 머리가 좋기는 하나 자신을 너무 과신함으로써, 적벽대전에서 유비와 손권에 크게 패해, 천하통일의 꿈이 물거품으로 돌아가게 됩니다. 유비는 군자이기는 하나 복수에 집착하여 병력을 크게 잃게 됩니다. 위연은 담대하긴 하나 여러 번 대장을 배반하여 결국 제갈량에게 죽임을 당합니다.

『삼국지』가 원말 명초의 작품이지만 생생한 인물 묘사로 21세기에도 비슷한 유형의 인간 군상을 찾아볼 수 있습니다.

下面，一起来看看小说中的中心人物。

曹操虽然聪明，但太高估自己，所以在赤壁大败于刘备和孙权，他统一天下的梦想就此化为泡影。刘备虽然正人君子，但执着于报仇，大大折损兵马。还有，魏延虽有胆量，但多次背叛其主，被诸葛亮所杀。

《三国演义》是元末明初的作品，可是里面的人物描写得栩栩如生，生活在21世纪的我们，今天仍能在身边找到类似的人物。

导入	信息	人物	名言	意义	结论

<u>与三国有关的名言</u>

分久必合，合久必分：指人或事物变化无常，分合无定。

说曹操曹操就到：随时都可能出现在你我面前，是必须要提防的人。

身在曹营心在汉：比喻身子虽然在对立的一方，但心里想着自己原来所在的一方。

既生瑜何生亮：既然有我周瑜在世，为什么老天还要一个诸葛亮啊？

万事俱只欠东风：比喻什么都已准备好了，只差最后一个重要条件了。

司马昭之心路人皆知：司马昭安的什么心，连过路的人都知道。泛指人的阴谋显露无遗，许多人都知道。

关公面前要大刀：在武圣关公(关羽)面前要弄大刀，比喻自不量力，在比自己才能高的人面前自我卖弄。

得陇望蜀：比喻贪得无厌。常用以形容那些"贪心不足蛇吞象"的人。

三顾茅庐：比喻真心诚意，一再邀请，拜访有专长的贤人。

이어서 삼국지와 관련한 명언을 살펴보겠습니다.

화면을 보시면 눈에 익은 성어들이 많은데요, 모두 삼국지에서 파생된 것들입니다. 여기에 소개한 명언 말고도 삼국지에서 파생한 성어만 200여 개이고, 속담·숙어 등은 셀 수도 없을 정도라고 합니다.

接下来介绍《三国演义》里的名言名句。

这里的成语大家都很熟悉吧？这些都衍生于《三国演义》。

除了这里介绍的以外，还有很多。根据资料，衍生于该作品的成语200多个，再加上俗语、歇后语等更是数不胜数。

导入	信息	人物	名言	意义	结论

《三国演义》的价值

1. 更加深入了解人生的真相
   ：通过多达近千的小说人物、三国的兴亡盛衰告诉我们人生的真面目
2. 更能提升人生的价值
   ：启迪人们的思想——教人忠义和做人
3. 更深一层体会“义”的可贵
   ：通过蜀国刘备、关羽、张飞等人物突出“义”的重要性与曹操对比

마지막으로 이 작품의 의의를 살펴보겠습니다.

첫째, 인생의 진면목을 알 수 있습니다. 소설 속 제 이름을 갖고 등장하는 인물만 해도 천여 명에 달합니다. 이렇게 많은 사람들 사이에 생겨나는 복잡다단한 이야기를 통해 인생의 진면목을 엿볼 수 있습니다. 뿐만 아니라 등장 인물들 모두 100% 착하기만한 단선적인 인물이 아니라 모두들 나름의 약점을 갖고 있는 입체적인 인물들이어서 더욱 공감이 갑니다.

둘째, 사람들을 깨우치게 하여 충·효와 사람의 도리를 다시 생각하게 함으로써 인생의 가치를 높일 수 있습니다.

셋째, 의리의 소중함을 보다 깊이 체험할 수 있습니다.

最后，让我们一起了解一下该作品的意义：

第一，更深入了解人生的真相。该小说里面的人物多达近千人，其中大部分的人物都有自己的姓名。通过这么多的人物和他们之间发生的错综复杂的故事，我们可以窥视人生的一面。而且，里面的人物都是很立体的，没有一个100%善良的，都有自己的弱点，更容易引起共鸣；

第二，更能提升人生的价值。该作品富有启迪人们的思想——教人忠义和做人；

第三，更深一层体会“义”之可贵。

导入	信息	人物	名言	意义	结论

为什么要读《三国演义》?

1. 有意思
2. 有助于了解中国历史、有助于学习中文
3. 外交、军事、人际等方面的集大成，世道人心和做人做事的指南针

智慧宝库《三国演义》，值得一读

재미있고, 중국 역사와 문화를 이해하고 중국어 실력을 높이는 데도 큰 도움이 되며, 인생에 방향을 제시해 줄 수 있는 『삼국지』.

여러분 모두 이 책의 매력을 함께 나눌 수 있길 바랍니다.

《三国演义》，趣味无穷，有助于了解中国历史和文化、学习汉语，更能为人们指引人生的方向，希望能和大家一起分享此书的魅力。

谢谢聆听

질문 없으시면, 이만 발표를 마치도록 하겠습니다.
경청해 주셔서 감사합니다.

没有什么疑问的话，我的发表到此结束。
谢谢聆听!

Tip

『삼국지』 파생 명언

分久必合，合久必分。 합하면 오래지 않아 반드시 갈라지고, 갈라지면 오래지 않아 반드시 합쳐진다.

说曹操曹操就到。 조조도 제 말 하면 온다.

身在曹营心在汉。 관우가 몸은 조조 진영에 있어도 마음은 한나라에 가 있다. 마음이 콩밭에 있다.

既生瑜何生亮。 이미 주유를 세상에 내셨거늘 어찌 또 공명을 내리셨나이까!

万事俱只欠东风。 모든 것이 다 준비되었으나 중요한 것 하나가 모자라다.

司马昭之心路人皆知。 사마소의 야심은 모든 사람이 다 안다. 야심이 빤히 드러나 보인다.

关公面前耍大刀。 관우 앞에서 대도를 휘두른다. 굼벵이 앞에서 주름잡기.

得陇望蜀。 농을 평정하면 촉까지 점령하고 싶다. 욕심이 끝이 없다.

三顾茅庐。 훌륭한 인재를 얻기 위해 인내심을 발휘하여 최선을 다한다.

단어 해설

기본 사항, 개황 概况[gàikuàng]

분석 分析[fēnxī]

파생 衍生[yǎnshēng]

의의 意义[yìyì]

귀에 익어서 자세히 말할 수 있다 耳熟能详[ěr shú néng xiáng]

문화 컨텐츠 文化内容[wénhuà nèiróng]

새 장을 열다 揭开新篇章[jiēkāi xīnpiānzhāng]

~로 평가받다 被评价为~[bèi píngjià wéi]

영웅호걸 群雄[qúnxióng]

솥발처럼 셋으로 나눠지다 三足鼎立[sānzúdǐnglì]

후대 사람들의 기억에 남다 后人凭吊[hòurén píngdiào]

적벽 赤壁[chìbì]

천하통일 统一天下[tǒngyītiānxià]

물거품이 되다 化为泡影[huàwéipàoyǐng]

배반 背叛[bèipàn]

생생하게 그려내다 描写得栩栩如生[miáoxiěde xǔxǔrúshēng]

약점 弱点[ruòdiǎn]

공감이 가다 引起共鸣[yǐnqǐgòngmíng]

깨우침을 주다 启迪[qǐdí]

사람의 도리 做人[zuòrén]

방향을 제시하다 指引方向[zhǐyǐn fāngxiàng]

매력 魅力[mèilì]

함께 나누다 一起分享[yìqǐ fēnxiǎng]

일독 강추 值得一读[zhídéyìdú]

부록 III

기타 품격 멘트:

공항 피켓, 플래카드, 식사, 계절 관련

공항 피켓 품격 멘트

비즈니스의 첫 단추라 할 수 있는 공항에서의 첫 인상, 자칫 잘못하면 한국 방문이 처음인 손님들의 마음을 불편하게 해서 회의 및 협상이 매끄럽지 않게 될 가능성이 크다. 환영 문구를 통해 공항에서 좋은 인상 남기는 방법 알아보기!

1. ○○ 회사 ○○○ 사장님 일행의 (한국) 방문을 환영합니다.
2. 중국 ○○ 회사 비즈니스 대표단 일행을 진심으로 환영합니다.
3. ○○ 그룹 ○○○ 님께서 인솔하신 방문단의
○○ 회사 (우호) 방문을 환영합니다.
4. ○○○ 님의 ○○ 회사 시찰 방문을 진심으로 환영합니다.
5. ○○○ 님 일행의 ○○ 시찰 방문 및 지도 편달을 환영합니다.
(본사 혹은 상급 기관에서 손님이 오셨을 경우)
6. 중국에서 오신 한국 인삼 바이어분들을 진심으로 환영합니다.

1. 欢迎中国~公司总经理○○○先生/女士一行莅临(韩国)!
2. 热 烈 欢 迎
中国~公司商务代表团!
3. 欢迎中国~集团○○○先生/女士率团前来~公司进行友好访问。

4.	热烈欢迎○○○先生/女士来~公司考察。
5.	欢迎○○○先生/女士一行来~考察和指导工作。/ 热烈欢迎~○○○先生/女士一行莅临指导。
6.	欢迎来自中国的人参采购商代表们!

B4 정도 용지로 만드는 간단 피켓!

1.	○○ 회사 ○○○ 님을 환영합니다.
2.	○○○ 님의 한국 방문을 환영합니다.

1.	欢迎○○○先生/女士的光临。
2.	欢迎○○○先生/女士来韩国。

각종 회의 · 상담회 플래카드 품격 멘트

1. 2014년 인삼 수출 상담회에 참석하신 여러분을 진심으로 환영합니다.

2. 중국 산동성 위해시 투자 환경 설명회에 참석해 주신 한 · 중 귀빈들을 환영합니다.

3. ○○○ 님의 ○○ 회의 참석을 환영합니다.

4. ○○ 회의 참석차 오신 여러분들을 진심으로 환영합니다.

1. 热 烈 欢 迎
参加2014年人参外贸洽谈会的各位嘉宾!

2. 欢迎出席中国山东省威海市招商引资大会的中韩嘉宾!

3. 欢迎○○○先生参加~会议。

4. 热烈欢迎参加~会议的各位嘉宾莅临。

오·만찬 플래카드 품격 멘트

중국 ○○회사 비즈니스 대표단 환영 만찬

中国~公司商务代表团
欢 迎 晚 宴

2014년 인삼 수출 상담회 및 오찬

欢迎2014年人参外贸洽谈会暨交流午宴

2014年人参外贸洽谈会
欢 迎 午 宴

2014 인삼 수출 상담회 감사 만찬

2014年人参外贸洽谈会
答 谢 晚 宴

중국 ○○ 회사 ○○○ 사장님 환영 오찬

中国~公司总经理○○○欢迎午宴

식사 도중 가볍게 나눌 수 있는 품격 멘트

맛있는 음식을 추천해 주시지요? 请推荐一下美食?

계산서 주세요. 请给我账单。

제가 사겠습니다. 这次我请/我来做东/我来结账。

맛있게 드세요. 请好好享用/请慢用。

꼭 한번 들어 보세요. 请您务必要品尝一下。

갈비는 외국인들에게 인기가 많습니다.
外国人非常喜欢吃烤排。/烤排深受外国人喜爱。

주말에 관광하실 때, 필요하시면 제가 안내해 드리겠습니다.
周末逛街时，若您需要，我来做导游。

N서울타워를 강추합니다. 我强力推荐您去N首尔塔。

주량이 보통입니다. 我的酒量一般般。

저는 술고래죠. 我是个爱酒之人。

술을 전혀 안 합니다. 我滴酒不沾。

우리나라 주도대로라면 자작하시면 안 됩니다.
依照韩国的酒道，您不能自斟自饮。

2차 갑시다. 我们换个地方。

계절 관련 품격 멘트

봄

봄기운이 넘치는 서울의 봄
首尔的春天，春色满园，春意正浓

봄빛이 따스한 생기 넘치는 4월
春光明媚，生机盎然的四月

만물이 소생하고 봄기운이 넘치는 계절
万物复苏，春回大地的季节

봄빛이 따스하고 꽃들이 앞다투어 피는 계절
春暖花开，百花齐放的季节

초목이 녹색을 발하며 활력이 넘치는 봄
在这绿意盎然，生机勃勃的春天

벚꽃이 흩날리는 계절
樱花飞舞的季节

벚꽃이 만개한 계절
樱花盛开的季节

봄꽃이 흐드러지고 새소리와 꽃향기가 넘치는 계절
春花烂漫，鸟语花香的季节

봄은 낭만이 넘치는 계절
春天是一个充满诗情画意的季节

여름

녹음이 우거진 계절
绿树成荫，枝繁叶茂的季节

햇빛이 내리쬐는 뜨거운 여름
灼热的夏季，烈日当空的季节

비바람이 없고 건조한 계절
无风无雨，天气燥热的季节

찌는 듯한 불볕더위의 계절
烈日炎炎，骄阳似火的季节

태양이 뜨거워 등에 땀이 줄줄 흐르는 7월
太阳正毒，汗流浃背的七月

땅이 갈라지고 풀 한포기 안 나는 계절
田地龟裂，寸草不生的季节

더위 먹은 소가 달만 보아도 헐떡거리는 계절
吴牛喘月的季节

복숭아꽃은 붉고 버들잎은 푸른 계절
(주로 태평성대를 묘사)
桃红柳绿的季节

가을

결실이 넘쳐나는 계절
硕果累累/果实累累的季节

단풍이 붉게 물든 천고마비의 가을
枫叶转红，秋高气爽的秋天

단풍이 물들고 오곡이 무르익는 계절
满山红叶，五谷丰登的季节

가을 국화가 앞다투어 피고 가을빛이 완연한 계절
秋菊怒放，秋色迷人的季节

곡식 향이 넘치고 기러기들이 남쪽으로 날아가는 계절
稻谷飘香，北雁南飞的季节

하늘은 높고 구름이 엷어지는 계절
天高云淡的季节

계수나무 꽃향기가 넘치는 가을
桂花飘香/金桂飘香的秋天

겨울

사방이 흰옷을 입은 얼음의 계절
银装素裹，冰天雪地的季节

서설(상서로운 눈)이 흩날리는 계절
瑞雪纷飞，满天飞雪的季节

상서로운 눈은 풍년의 징조
瑞雪兆丰年

엄동(가장 추운)의 계절
数九隆冬的季节

풍년의 징조가 완연한 희디흰 눈
皑皑白雪，一派丰年景象

눈꽃이 흩날리는 겨울
风雪飘落的季节

바람이 살랑살랑 불어오고 초목이 푸르러지며
기나긴 겨울은 막바지에 접어들었습니다.
风开始轻柔，草开始翠绿，漫漫的冬日已近尾声。

늦겨울을 보내고 고대하던 봄을 맞이하였습니다.
残冬已过，我们盼来了春天。

Tip

공항에서

사전에 플래카드를 준비하지 못하고 공항에 나갔더라도 당황하지 말 것! 车到山前必有路!
ⓘ마크가 있는 인포메이션 데스크에 가면 B4 크기의 Welcome to Korea라고 예쁘게 쓴 피켓 용지와 피켓 쓰는 공간이 따로 마련되어 있다. 평소 외워 두었던 환영 문구를 비치되어 있는 매직펜으로 쓰면 된다.

각종 회의·상담회 플래카드

종종 회의·상담회·오찬·만찬 등의 플래카드 하단에 주최 측인 회사, 기관명 혹은 협찬사 이름, 날짜 등을 적는 경우를 볼 수 있으나 중국 현지에서는 주로 환영 문구만 쓰는 편이다.

오·만찬 때 주의할 점

주로 따뜻한 음식과 차를 먹는 데 익숙한 중국 손님들이 찬물 혹은 막걸리를 먹고 배탈이 나서 고생하는 걸 본다. 식사 전에 따뜻한 물 한잔을 갖다 주거나 메뉴 정할 때 탕을 꼭 추가하도록 한다.

단어 해설

인솔하다 率团[shuàituán]

견학하다, 시찰하다 考察[kǎochá]

참석하다 出席[chūxí]

투자를 유치하다 招商引资[zhāoshāng yǐnzī]

및, 와, 과 暨[jì]

감사를 표하다 答谢[dáxiè]

계산서, 명세서 账单[zhàngdān]

술 한방울 입에 대지 않는다 滴酒不沾[dī jiǔ bù zhān]

혼자 부어 혼자 마시다, 자작하다, 독작하다 自斟自饮[zìzhēn zìyǐn]

생명력이 충만하다 生机盎然[shēng jī 'àng rán]

많은 꽃이 일제히 피다 百花齐放[bǎi huā qí fàng]

가지와 잎이 무성하다 枝繁叶茂[zhī fán yè mào]

작열하다, 몹시 뜨겁다, 이글이글하다 灼热[zhuórè]

땀이 등에 흐르다 汗流浃背[hàn liú jiā bèi]

대소한의 엄동 数九隆冬 [shǔ jiǔ lóng dōng]

서설, 상서로운 눈 瑞雪[ruìxuě]

은백색으로 덮이다, 단장하다 银装素裹[yín zhuāng sù guǒ]

가볍고 부드럽다 轻柔[qīngróu]

청록색의, 푸르다, 푸르디푸르다 翠绿[cuìlǜ]